Drogas y adicciones

Medicamentos y otras sustancias

Escrito y editado por Omar El Bachiri

Todos los derechos reservados. Queda rigurosamente prohibida la reproducción parcial o total de esta obra por cualquier medio o procedimiento, ya sea electrónico o mecánico sin el permiso previo y por escrito del titular del copyright, bajo las sanciones establecidas en las leyes.

2018 Omar El Bachiri El Boudouhi Copyright ©.

ISBN: 978-99920-3-157-5
Depósito legal: AND. 262-2018

Primera edición: septiembre 2018
Segunda edición: agosto 2022

Corrección: Jaime García.

Omar El Bachiri nació el 5 de enero de 1977 en Marruecos, en un pequeño pueblo de la provincia de Nador.

A la edad de dos años emigró junto con su familia al Principado de Andorra. Posteriormente adquirió la nacionalidad andorrana. Es psicólogo clínico y experto en adicciones. Licenciado por la Universidad Nacional de Educación a Distancia (UNED). También es instructor de Taekwondo, cinturón negro 4º DAN. Tiene una filosofía de vida centrada en el deporte y los viajes. Este es su tercer libro y en esta ocasión nos sorprende con un tema totalmente diferente al que nos tiene acostumbrados. En los dos anteriores, ***"Feliz y con Ahorros" y "Vivo como Quiero",*** nos explicaba cómo ahorrar e invertir nuestro dinero para tener una vida tranquila y sin problemas económicos ni emocionales. Ambos libros se venden por todo el mundo y están traducidos a varios idiomas, entre ellos, el inglés y el francés. Igualmente, en la actualidad ha escrito dos más, **"No me juzgues, no me conoces"** y **"Todos manipulados, tú y yo incluidos"**.

Su lema es: "ejercita tu cuerpo y tu mente, te evitarás muchas enfermedades, dolencias y trastornos mentales".

Agradecimientos: quiero agradeceros a todos por leer mi libro. También quiero hacer mención especial a tres personas muy importantes para mí. Me han influido y ayudado en la narración de algunas historias que describo. El orden de aparición no tiene ningún significado ni importancia.

– **Pilar Marcuello** (Pili): mi tutora en la universidad, en la asignatura "Fundamentos Biológicos de la Conducta". Esta mujer ha hecho que adore la biología y me ha dejado claro muchos conceptos.
– **Bego:** una buena amiga, con la cual he hablado mucho sobre los temas tratados en el libro.
– **Esther Pichardo:** una ex-compañera de clase en la universidad y gran psicóloga. Me ha brindado mucha información sobre la anorexia y la bulimia.

Índice

P. 8   Prólogo
P. 13 Autoconcepto
P. 14 Resiliencia
P. 16 Actitud
P. 19 Endorfinas
P. 20 Morfina
P. 20 GABA
P. 20 Dopamina
P. 21 Serotonina
P. 23 Benzodiacepinas
P. 25 Tolerancia
P. 25 Síndrome de abstinencia
P. 25 Adicción
P. 29 ISRS (antidepresivos)
P. 30 Burn-out (el empleado quemado)
P. 33 Somníferos
P. 38 Ser feliz en el trabajo
P. 41 Natalia y las drogas
P. 44 Anorexia
P. 47 Bulimia
P. 49 Beneficios del deporte
P. 55 Alejandro y el TDA-H
P. 57 Hijo tirano
P. 61 Dislexia
P. 64 Cocaína
P. 65 Lucía y el maltrato psicológico
P. 71 Susana y las anfetaminas
P. 76 El militar y la reinserción social
P. 77 Heroína

P. 79   Oxicodona
P. 83   El duelo y sus 5 fases (NINDA)
P. 84   Clara y su fibromialgia (adicta a la codeína)
P. 85   Esquizofrenia
P. 87   Cannabis
P. 91   Acoso laboral (moobing)
P. 96   Síndrome de Diógenes y trastorno de acumulación
P. 102 Terapia minimalista

Prólogo

Cuando sentimos un vacío interior y notamos que nada lo puede llenar, es muy fácil caer en las adicciones, mejor dicho, es una tentación, unos acuden al deporte, otros al trabajo, otros al sexo y otros a las drogas químicas. Pero todas estas adicciones tienen sus repercusiones negativas, tanto económicas como personales. En todas te aíslas y te quedas solo, tu adicción y tú. Esta te distrae, te relaja, te evade, es una vida paralela. Así es como empieza una adicción y termina siendo tu vida real.

Los ansiolíticos pueden llegar a crear adicción porque sus efectos se notan a los pocos minutos desde su consumo. Cuando el organismo los consume, libera endorfinas que provocan un subidón de euforia y calma, te sientes relajado y lo que antes era dolor, ahora es paz, con lo cual, pasar de ser adicto a los analgésicos a la heroína es sólo cuestión de tiempo. Ambos son opiáceos.

La adicción a los medicamentos la puede padecer cualquier persona. Esta no distingue entre sexos ni estatus social. Uno ve caer a la gente en la adicción y no se imagina que pueda pasarle lo mismo. Nadie entra en el mundo de las drogas pensando que se convertirá en un adicto más. Unos creen que se divertirán un momento y ahí se acabará, otros, por el contrario, creen que en cuanto alivien su dolor, ya sea psicológico o físico, se irán a casa como si nada. Pero, la mayoría acaban enganchados, por un motivo u otro. La adicción se adueña de sus vidas.

La mayoría de familias tienen un botiquín repleto de medicamentos en casa y con ello los padres incitan a sus hijos a tomarlos. En cuanto se encuentran un poco mal, les administran esos medicamentos sin receta médica previa. Piensan – como a mí me funciona – ¿por qué no a ellos?

Cuando te recetan medicamentos para tratar tu ansiedad o cualquier trastorno que tengas, te recetan paquetes de pastillas, no unidades sueltas. La gran mayoría de veces contienen más pastillas de las necesarias y en cuanto se acaba el tratamiento, guardas las que te sobran. Llega un punto que tienes una farmacia en casa y si están al alcance de los adolescentes, puede ser una bomba de relojería. Vigila dónde los guardas. Lo mejor que puedes hacer una vez terminado el tratamiento, es deshacerte de lo que sobra.

Normalmente las adicciones suelen empezar en la adolescencia. Se podría decir que el alcoholismo es la adicción más tardía pero no es cierto, es rondando los 30 años cuando la persona es alcohólica pero lleva bebiendo desde la adolescencia.

Si tienes una adicción, quiero que sepas que, si no te separas de ella, acabará contigo. Por muy inteligente o fuerte que seas, cuando entra en tu vida y toma las riendas, te vuelves su esclavo, harás lo que te pida por satisfacerla y te acabará destruyendo. Es una pareja tóxica, quiere dominarte, pero con una excepción, no es celosa. Puedes tener varias adicciones a la vez sin que ello sea un obstáculo para vuestra relación (policonsumo). Puedes ser adicto al juego, al sexo, al tabaco, al alcohol y a cualquier medicamento, no importa. Quiero que sepas que no es la sustancia la que produce la adicción sino, el modo en cómo interpretas tu propia experiencia con ella, cómo te sientes una vez ha entrado en tu organismo. Estas sensaciones vendrán condicionadas por tus experiencias pasadas, tu personalidad y tu entorno social. Durante el transcurso de la lectura lo irás entendiendo.

Cuando acabes de leer el libro entenderás un poco más sobre el mundo de las adicciones, por qué se crean y cómo.

La destrucción por parte de tu adicción se llevará a cabo de tres formas distintas:

1 - Te endeudará.
2 - Te privará de libertad. Tendrás abstinencia (el mono).
3 - Te hundirá en la soledad, te arrebatará tu familia y a tus amigos.

El orden no importa, te afectará igualmente. Tanto si las sufres todas como si sólo sufres una. Faltarían dos formas más, la muerte por sobredosis y la gran probabilidad de acabar en la cárcel. Espero que cuando acabes de leer el libro, te des cuenta del error que estás cometiendo y decidas cambiar y si no eres un adicto, entenderás cómo afecta a nuestro organismo.

La clave para no volverse adicto a las drogas legales es entendiendo su uso y comprendiendo su funcionamiento. Sin embargo, para las ilegales, la mejor forma es entender su funcionamiento y así conocer las consecuencias que producen. Debo agregar también que nuestro organismo no las distingue, a nivel funcional, trabajan de la misma forma.

- **Drogas legales:** tabaco, alcohol, azúcar y medicamentos.
- **Drogas ilegales:** cocaína, opio, cannabis y derivados de los mismos (crack, heroína, marihuana, etc.).

Ahora mismo me encuentro en Washington, en un congreso sobre la ansiedad y las adicciones. Mientras espero mi turno, te voy a hacer un breve resumen de la conferencia que daré. Espero que te guste.

La ansiedad generada por las situaciones conflictivas diarias ya sea en el trabajo, en la calle o en la escuela, causa insomnio y este nos vuelve irritables. Como no descansamos, nuestro cerebro se queda indefenso frente a ella, no tiene herramientas para afrontarlas. Perdemos la mente crítica (proactiva) y en su lugar, usamos la reactiva (acción-reacción).

La proactiva es la que piensa antes de actuar y valora las acciones y sus consecuencias, avanzándose a ellas y analizándolas. La reactiva es la instantánea. Son los reflejos que entran en juego, la mente actúa sin pensar, por simple supervivencia.

De ahí que siempre aconsejo a mis pacientes que cuando se encuentren en estado de ansiedad, mastiquen chicle o chupen un caramelo. Estos hacen que segreguemos saliva y engañamos al cerebro. Este cree que estamos comiendo y para él, si estamos comiendo significa que no hay peligro, con lo cual, se relaja y entra en modo disfrutar del momento.

- **Ansiedad:** estrés acumulado. Vas sumando un estado de estrés tras otro hasta que tu cerebro no lo soporta más y se satura. No puede seguir acumulando más información y menos aún gestionarla.

- **Estrés y sus tres consecuencias:** a) Insomnio – b) Dificultad de concentración – c) Incapacidad para tomar decisiones.

No puedes dormir, entonces no descansas y por consiguiente no puedes centrarte en lo relevante para tomar las decisiones oportunas.

Por otro lado, la baja autoestima y la falta de tiempo están relacionadas directamente tanto con la ansiedad como con las adicciones. Por ese motivo es lo primero que te voy a explicar para que puedas entender el resto del libro.

La baja autoestima se compone de tres variables:

- El autoconcepto.
- El locus de control.
- La resiliencia.

Por su parte, la falta de tiempo se puede resumir en la mala gestión del mismo y este crea ansiedad. Cuando algo me urge y no tengo tiempo para solucionarlo o cuando no lo uso como es debido, me estreso. Es decir, dejo lo importante para después y me centro en lo irrelevante. Normalmente sucede por falta de objetivos concretos. Una persona que sabe lo que quiere y cómo conseguirlo no desaprovecha el tiempo.

El día tiene 24 horas y se divide en tres opciones o necesidades: 8 para trabajar, 8 más para el descanso y otras 8 para el ocio, entonces, depende de cómo lo gestiones, te faltarán horas para una o te sobrarán para otra. Una vez entiendas estos conceptos entenderás porqué hay personas que, consumiendo la misma sustancia, unas caen en la adicción y otras no. El motivo de consumo suele ser el lugar y el momento. Lo que viene a ser estar en el momento y lugar equivocados.

- **Autoconcepto:** puede ser positivo o negativo. Es la opinión que tengo sobre mí mismo, cómo percibo mi forma de pensar, amar, sentir y de comportarme con los demás. Nuestro comportamiento está determinado por la idea que tenemos de nosotros mismos y, por lo tanto, desempeña un rol importante en el estrés personal. La persona que no tiene seguridad en sí misma, es más proclive al estrés y este prolongado deriva en ansiedad y esta, si no se elimina, se convierte en depresión.

Locus de control: puede ser interno o externo.

. **Interno:** percibo que lo que ha ocurrido es gracias a mi comportamiento o viceversa, que no tiene nada que ver. Tengo control sobre las consecuencias externas (si me esfuerzo, puedo conseguirlo).

. **Externo:** percibo que lo que ha ocurrido es independiente de mi conducta, que no depende de lo que haga. Le doy el mérito o culpa a la suerte, al azar o al destino. Pienso que si ha sucedido es porque tenía que ser así (aunque me esfuerce, no lo conseguiré).

Te pongo el ejemplo de las elecciones para que lo entiendas mejor: si pienso que no tengo control sobre la elección del partido político que va a gobernar en mi país, no ejerceré mi derecho a voto. En cambio, si pienso que mi voto será importante para la elección de un nuevo gobierno, seguro que ejerceré el derecho a voto. Incluso participaré en las manifestaciones y huelgas.

- **Resiliencia:** es la capacidad que tenemos para recuperarnos después de una mala situación. Una vez superada, volvemos a estar como antes. Si éramos una persona alegre, volvemos a ese mismo estado.

No es ser inmune a los acontecimientos de la vida, como la muerte de un ser querido, una ruptura sentimental, una mala situación laboral... es sólo que aceptamos los reveses de la vida, no vamos en contra de ellos. Lo que nos ha pasado, nos ha marcado, pero no nos condiciona. Una persona con buena resiliencia no da nada por hecho, se lo cuestiona todo y, además, tiene una mente crítica. Es consciente que después de un ¿por qué? viene un ¿para qué?

Doy tres rasgos de una persona con locus de control interno:

. Es propensa a tomar responsabilidad por sus acciones.
. Es menos influenciable por las opiniones de los demás.
. Se siente segura ante los retos. La motivan a mejorar.

Cuando tenemos baja autoestima generalizamos las situaciones y lo hacemos de dos formas:

1- Creemos que el mundo conspira contra nosotros y nos volvemos desconfiados. Pensamos que la gente (los amigos, la familia, los conocidos) sólo nos quieren por interés, buscan algo de nosotros.

2- Cualquier crítica que nos hagan, la tomamos como algo personal. No somos críticos y en vez de razonarla, nos ponemos a la defensiva o peor aún, nos la creemos y actuamos en consecuencia. Nos presionamos para mejorar y nuestro nivel de exigencia crece desmesuradamente volviéndonos poco realistas.

Nos volvemos perfeccionistas y tenemos poca tolerancia a la frustración. Tememos a los retos, los evitamos y no queremos innovar. Abandonamos los objetivos, ante cualquier suceso, le vemos la parte negativa, negando que haya una buena. Luego, cuando hacemos algo bien, pensamos que ha sido suerte y cuando hacemos algo mal, pensamos que ha sido culpa nuestra, no nos hemos esforzado suficiente y somos incompetentes.

Estos dos conceptos influirán en nuestra forma de entender la vida.

- Resumido sería: para poder disfrutar de una vida agradable hay que tener un buen nivel de resiliencia. Si lo tengo bajo o nulo por muy bien que me vaya en la vida, no lo valoraré y siempre me estaré quejando por todo. Le daré más importancia a aquello que no tengo, generalizaré cualquier situación y comportamiento.
Tampoco tendré personalidad ni opinión propia. Actuaré siempre en grupo para no tener que tomar decisiones y estaré a favor de la mayoría y, sobre todo, de la autoridad, porque no sé enfrentarme a ella, me faltan estrategias emocionales.

Sin embargo, si tengo un buen nivel de resiliencia, por muy mal que me vaya en la vida, sabré que es temporal, nada dura eternamente. Saborearé lo que tengo, nunca generalizaré las situaciones pues soy consciente de que el mundo es cambiante y lo que hoy es malo, mañana puede que ya no lo sea.

No me importará la opinión de los demás, las tendré en cuenta pero no me dejaré influenciar por ellas. Seré previsor y aceptaré las situaciones tal y como vengan, luego ya decidiré si me afectan o no. Soy consciente de que todo depende de mi estado anímico a la hora de juzgar y tomar cualquier decisión. Aunque esté con más gente, tengo mis propias ideas y me comporto coherentemente, si algo no me gusta, lo digo.

No tengo miedo a ser rechazado por el grupo ni a desafiar a la autoridad, tengo argumentos para defenderme. A esto se le llama actitud (tengo buena actitud).

- **Actitud:** En el caso de las drogas, es la encargada de crear tus hábitos. Que los relaciones con ellas y decidas si consumir o no y a partir de aquí, marcará tu camino. También, decir que tu entorno es decisivo: familia, amigos, trabajo y lugar de residencia, es decir, tu historia personal. Detrás de cada persona hay una vivencia.
¿Te dejas influenciar por los demás o tomas tus propias decisiones?

- Tu familia: ¿te sobreprotege, te deja tomar decisiones o las toma por ti, te juzga y critica o te anima y apoya en lo que emprendes?
- Tus amigos: ¿consumen drogas, se medican constantemente, fuman, beben alcohol, practican deporte?
- Tu trabajo: ¿estás a gusto en él, hay buen clima laboral y oportunidades de progresar?
- Tu lugar de residencia: ¿es conflictivo o por el contrario, invita a la tranquilidad?

Esto que acabas de leer se denomina factores protectores y factores de riesgo. Los protectores son los que te frenarán en el consumo y los de riesgo son los que te incitarán a él.
Tu medio social (ambiente) es crucial en las adicciones. Si tienes personas con las que interactuar y lugares para distraerte y disfrutar del ocio, es muy difícil que caigas en ellas. Los seres humanos tenemos una necesidad innata de crear lazos y mantenerlos en el tiempo. De ahí la frustración y los problemas sociales cuando no tenemos estos lazos.

Si estamos pasando por un mal momento, como puede ser una separación, la pérdida del empleo, la muerte de un ser querido o cualquier otra mala experiencia, formaremos lazos con algo que nos aporte ese bienestar, que alivie esa sensación de soledad o incomodidad. Puede ser ir de compras, estar conectados todo el día a las redes sociales, acudir a la prostitución, consumir alcohol, fumar tabaco o cualquier otra sustancia que llene ese espacio vacío que sentimos.

- Espera, espera. ¿Me estás diciendo que todos estos factores pueden influenciarme en padecer ansiedad y en adquirir adicciones y que, además, si me estreso, no tome medicamentos para tranquilizarme?
- En efecto, los medicamentos son un bien social enorme. Han sido creados para nuestro bienestar, pero, su mal uso puede perjudicar más que beneficiar. Primero, no se deben tomar sin receta médica y segundo, tampoco se deberían tomar a la ligera. Te medicarás si estás enfermo o trastornado, pero no porque estés de bajón o pasando por una mala racha. Son drogas y pueden causar adicción. Quiero que te quede bien claro esto último y te voy a decir un par de cosas sobre la vida:

Durante nuestra existencia nos iremos enfrentando a conflictos y pueden causar estrés o no, según los interpretemos. La vida hay que aceptarla tal y como es, ni bonita, ni fea. Es como una carrera de obstáculos, habrá veces que iremos de maravilla y otras iremos agotados. Todas las emociones que experimentamos están en nuestro repertorio de conducta natural. El miedo, la tristeza, la rabia, la alegría, sonreír, llorar. Entonces según interpretemos los sucesos que la vida nos depara, expresaremos las emociones de una forma u otra. La alegría puede transformarse en euforia, la tristeza en depresión y el miedo en ansiedad.

Estos medicamentos son muy eficaces para tratar la ansiedad y la depresión (ansiolíticos y antidepresivos). El problema está que se usan ante problemas cotidianos, como pueden ser cualquier malestar o situación incómoda.
Un medicamento jamás te hará superar un problema psicológico. Este lo que hace es mediar en la intensidad de las emociones que sientes frente a él. Digamos que tienes miedo a volar en avión, si tomas una pastilla para dormir o cualquier otra para relajarte, lo que va a hacer esa pastilla es reducir la intensidad de la ansiedad pero el miedo sigue ahí. Entonces, es tu responsabilidad encontrar el motivo o la causa del miedo a volar. Una vez encontrado y solucionado, dejarás de tomar la pastilla para poder volar.

Muchas veces, la solución a estos malestares pasa por quedar con amigos y hablar, pasear o tomar una infusión. Así de simple, ante los conflictos, se toman decisiones, no medicamentos. Seguramente, en algunos casos serán incómodas y de difícil explicación, pero no se puede esperar que una pastilla solucione un problema de la vida, un conflicto de intereses entre humanos.
El gran error está en pensar que la felicidad y el bienestar pasan por no tener malos momentos, la felicidad es momentánea y se saborea a sorbos. Es un cúmulo de circunstancias, tanto buenas como malas. Como ya he dicho anteriormente, será malo o bueno según tu percepción de los hechos, influye bastante tu estado anímico. Pongamos como ejemplo que mañana no tienes que ir a trabajar ni hacer nada importante, si esta noche no consigues dormir, no le darás importancia. Sin embargo, si mañana tienes que ir a trabajar o hacer algo importante, te angustiarás.
Ya estarás entendiendo que los medicamentos son para males mayores. Si llevas seis meses y no has superado ese malestar, entonces tienes que acudir a un profesional de la mente a que te trate y encontrar la solución. Quizás, mientras te ayuda a

encontrarla te medicará para sobrellevarlo mejor, pero estos sin terapia psicológica no sirven de nada. Son como un parche en las ruedas. Te sirven para llegar al destino y una vez allí, las cambias. Si no buscas el problema y le pones solución, es una pérdida de tiempo y salud.

Para poder entender las adicciones, tengo que explicarte un poco cómo funciona el cerebro, el motor del cuerpo, si este no funciona, el cuerpo no responde como es debido. Desde él parten todas las señales para ejecutar cualquier movimiento. Las drogas lo que hacen es piratear su sistema de comunicación.

En este sistema entran en juego los neurotransmisores, la información de una neurona a otra se transmite a través de ellos. Parte de una neurona emisora y llega a otra neurona receptora, ya sea el dolor, el placer o el ritmo en el intercambio de información. Para no alargarme mucho en este tema, sólo te voy a hablar de tres, el GABA, la dopamina y la serotonina. Estos junto con las endorfinas, serán los encargados de que sientas placer o dolor y sigas con las conductas o te alejes de ella.

- **Endorfinas:** funcionan como un analgésico natural. Se las considera la morfina del organismo porque reducen el dolor y estimulan los centros del placer, generando la sensación de bienestar.

Su función es fortalecer el sistema inmune y lo hacen de tres formas:

    1- Ayudan a combatir la ansiedad y la depresión.
    2- Calman y reducen el dolor crónico (fibriomialgia).
    3- Retrasan el envejecimiento de las células.

- **Morfina:** potente analgésico, inhibidor del dolor. Produce sedación, somnolencia y en pequeñas dosis, euforia y relajación.

- **GABA**: es un neurotransmisor inhibitorio, es decir, *hace de freno*. Tiene un rol muy importante en la cognición y el comportamiento, va relacionado directamente con el estrés. Ayuda a controlar el miedo y la ansiedad cuando las neuronas se sobreexcitan. Su función es frenar esa excitación, las inhibe. De ahí la somnolencia y la relajación muscular. ¿Quién no quiere estar tranquilo y relajado todo el tiempo?

- **Dopamina:** está implicada en los sistemas de recompensa y es la causante del placer y en consecuencia de que se repitan las conductas. Es la responsable de las adicciones. Se encarga de prestar atención a lo relevante, a lo que nos interesa. Un mejor trabajo, un vehículo, superarse en el deporte, estar más horas despierto. Dependiendo de los estímulos que se busquen, se podrá caer en una droga o en otra. También decir, que regula la memoria, la motivación y la creatividad.

Entre sus funciones se encuentran la coordinación motora y la toma de decisiones. El ser humano nos movemos por placer. Nos acercamos a las sensaciones placenteras y nos alejamos de las desagradables. Este neurotransmisor es el responsable de que sintamos placer sólo con pensar en la conducta a realizar, el cerebro se avanza y segrega dopamina. Estas conductas pueden ser tan variadas como liar un porro, encender un cigarrillo, ir a la farmacia a por un medicamento, de compras o simplemente, pensando en nuestra bebida o comida favorita, se nos hace la boca agua.

- **Serotonina:** regula el estado anímico y el hambre. Se encarga de avisarnos de que ya estamos saciados. Su incremento produce una sensación de calma que nos aleja de estados depresivos y, además, nos permite conciliar mejor el sueño porque regula la liberación de melatonina, la hormona del sueño.

Viendo esto te habrás dado cuenta de que cualquier conducta que produzca placer o algún beneficio puede volverse adictiva si no se controla. Aquello que un principio supone un placer, más adelante se mantiene por ansiedad, se consume para reducirla (abstinencia).
Antes de nada hay que saber el motivo de por qué se empezó a consumir y por qué se continúa. No olvides que los psicólogos buscamos el origen del problema, es lo que nos diferencia de los médicos, estos simplemente tratan los síntomas. ¿Estás depresivo o angustiado? te medican y listo. ¿No te recuperas? no pasa nada, te aumentan la dosis. ¿Sigues sin recuperarte? tampoco pasa nada, te cambian la medicación y vuelta a empezar.

Antes de tratar cualquier síntoma hay que saber la respuesta a estas preguntas: ¿se consume por el simple placer de hacerlo o como estrategia de afrontamiento para reducir el malestar que produce la sensación de soledad, tristeza o el aburrimiento?

Muchas veces se empieza como ocio pero, no es lo mismo el ocio buscado para disfrutar, que el ocio buscado para matar el rato. Como tampoco es lo mismo la soledad buscada que la soledad impuesta. La primera nos da placer y satisfacción, en cambio, la segunda, nos empuja a la depresión e insatisfacción. Imagínate que pasas las fiestas de navidad en soledad. Ahora piensa que esa situación sea buscada por ti mismo, porque te apetece o, por el contrario, que sea porque tus amigos y familiares te han dejado de lado, se han reunido todos y a ti no te han invitado.

¿Cómo te sentirías y cómo afrontarías esa situación?

¿Cuánta gente se mete en el bar, casino, entra en redes sociales o en centros comerciales por simple aburrimiento, consumen o compran cualquier producto por el mero hecho de hacer algo y acaban enganchados a esa conducta o sustancia?

Ahora te voy a hablar de los medicamentos considerados más adictivos y de uso más aceptados y generalizados en la sociedad. *Las benzodiacepinas.* Su diana es el neurotransmisor GABA.

- Si, pero antes contéstame a esta pregunta: – hace tiempo que fumo y cada vez que he intentado dejarlo, no he podido. Lo dejo tres meses y vuelvo al vicio. He probado los chicles de nicotina y los parches pero, nada, vuelvo a recaer, – ¿por qué? –

- Antes de empezar el tratamiento para dejar el tabaco, tienes que contestarte a esta pregunta: ¿Por qué fumo?

- Porque me gusta el sabor de la nicotina.
- Porque me activa y me mantiene alerta, despierto.
- Porque me aburro.
- Para ser como los demás.

En cuanto sepas la respuesta podrás dejarlo. Sabrás qué estrategia seguir. Si te gusta el sabor, masticarás chicles con nicotina, no te pondrás parches. Si lo que buscas es que te active, te pondrás los parches y no masticarás chicles. Luego, si fumas por aburrimiento, puedes acudir a las piruletas, caramelos o cualquier chicle de sabores variados.

Sin embargo, si lo haces por ser aceptado en algún grupo en especial, lo mejor que te puede pasar es que te rechacen por no fumar y así busques otro más acorde con tu filosofía de vida.

- Ya lo entiendo, entonces con el alcohol, pasa lo mismo, ¿no?
- Exactamente igual, en cuanto sepas el motivo de por qué bebes, sabrás cómo dejarlo. Durante la lectura del libro te darás cuenta que el alcohol es un factor común en muchas adicciones. Ahora prosigo con las benzodiacepinas.

- **Benzodiacepinas**: son una familia de fármacos conocidos comúnmente como ansiolíticos, tranquilizantes, relajantes, pastillas para dormir y pastillas para los nervios (Diazepam, Lorazepam, Oxazepam, Alprazolam, Flunitrazepam, Loprazolam, etc...). Se venden bajo nombres comerciales como: Valium, Tranquimazin, Xanax, Rivotril, Rohypnol, etc.

Alivian tanto la tensión subjetiva como los síntomas objetivos (sudor, taquicardia y molestias digestivas). Se prescriben para tratar los ataques de pánico, insomnio, comportamientos compulsivos y ansiedad generalizada. Son los sustitutos de los barbitúricos, estos creaban mucha adicción. También se utilizan para la epilepsia, abstinencia alcohólica y los espasmos musculares. Tienen tres efectos fundamentales:

- Hipnóticos (producen sueño).
- Anticonvulsivos (controlan los ataques epilépticos).
- Relajantes musculares (para las contracturas musculares).

<u>Pueden causar tolerancia, abstinencia y adicción.</u>

Sus efectos son inmediatos, en cuestión de minutos (10 - 25). De ahí el refuerzo para su abuso y posible adicción. No deben mezclarse con el alcohol porque pueden causar una excesiva depresión del sistema respiratorio y provocar la muerte.

¿Te suena la frase, si bebes no conduzcas? Pues tampoco conduzcas si tomas benzodiacepinas, porque tiene estos efectos secundarios: Pérdida de memoria (amnesia), mareos, náuseas, pesadillas, cambios de humor y de comportamiento y lentitud psicomotriz. También se pierde tanto el apetito alimentario como el sexual (la líbido).

Nunca deben ser tomadas más de (12-15 días seguidos) debido a su adicción y cualquier tratamiento con ellas no puede superar los tres meses. También se contraindica su uso durante el embarazo y la lactancia porque el feto recibe cierta dosis directamente por el cordón umbilical por medio del torrente sanguíneo y por la leche materna.

Si eres consumidor de estas pastillas y por el motivo que sea quieres dejarlas, no lo hagas de forma brusca, debes ir reduciendo su consumo paulatinamente, poco a poco, una vez te has acostumbrado a ellas, el síndrome de abstinencia es horrible. Con lo que te acabo de explicar, entenderás la típica frase que se le dice a alguien que está alterado.

"Hoy no te has tomado la pastilla, ¿verdad?"

- **Tolerancia:** se produce cuando la dosis de consumo ya no produce el efecto deseado y hay que aumentarla, ya sea en cantidad o recortando el tiempo entre las dosis (muerte por sobredosis).

- **Síndrome de abstinencia:** deseo irrefrenable del consumo de la sustancia que se desea dejar. Son unos síntomas tan feroces que mucha gente no los aguanta y acaba cediendo al consumo.

Te expongo algunos síntomas:

- Irritabilidad.
- Náuseas.
- Diarrea.
- Dolor de cabeza y tensión muscular.
- Temblor y palpitaciones (convulsiones.)
- Disforia (estado depresivo).

La abstinencia dura entre 8 y 12 días. Si eres capaz de superar este periodo, habrás superado la prueba de fuego para desengancharte. Si te fijas, son los mismos síntomas que produce la ansiedad y te estás medicando para aliviarlos, pero después, resulta que, si dejas de tomar los medicamentos, te producen los mismos, pero en mayor grado. Ahora prosigo con la adicción.

- **Adicción:** es la sumisión total de la persona hacia algo/alguien. Pierdes la voluntad y la capacidad de decisión. Dejarás tu vida de lado para satisfacer esa necesidad. Sólo te importa el beneficio inmediato. Sin tener en cuenta las consecuencias a largo plazo. En este contexto hay que diferenciarla del uso y el abuso, términos que muchas veces se confunden.

- **Uso:** la conducta no se realiza de forma continuada. El sujeto es capaz de interrumpir la acción en cualquier momento que se le solicite o que lo desee para dedicarse a otra actividad sin que ello le cause ningún problema o disgusto.
- **Abuso:** el consumo es continuo y puede conllevar riesgos tanto clínicos como sociales. El sujeto dedica todo el tiempo posible a esa sustancia y abandona cualquier otra actividad. Ha adquirido un nuevo hábito de comportamiento.

Hay dos tipos de adicciones: la física y la psicológica

- **Física (química):** cuando el cuerpo nos pide la droga y la consumimos aún sabiendo que nos perjudicará. A esto se le denomina disonancia cognitiva (el tabaco, fumas y sabes que te matará, pero buscas cualquier excusa para justificarte y no dejarlo).
- **Psicológica (no química):** es al contrario. Nos pensamos que la sustancia nos irá bien aunque el cuerpo no nos la pida (el juego, sexo, trabajo, comida y compras). La gran mayoría de las veces van unidas, es decir, a nivel físico ya has superado el trastorno pero, a nivel mental crees que todavía la necesitas.

Relativo a las compras, esta es una adicción muy curiosa porque el juego, el sexo, el trabajo y la comida son conductas de supervivencia. El juego ayuda a aliviar el estrés, te distrae y el trabajo va relacionado con la comida, se trabaja para poder comer. Sin embargo, en las compras, se confunden con el bienestar. Se ha asociado el dinero con la felicidad, tengo esto o aquello y soy feliz. Se compra por impulsividad, la acción de ir a pasar un rato en el centro comercial te distrae y todo el conjunto de conductas que le siguen producen ese placer: probarse ropa, tomar algo, sacar la tarjeta de crédito o el dinero en efectivo y sobre todo, la atención prestada por los vendedores.

Como tenemos una carencia emocional, ese momento pasajero nos llena el vacío interior que sentimos. Una vez superado ese corto periodo de alegría y tranquilidad, la persona se arrepiente de las compras efectuadas y se siente culpable, entrando en un bucle de ideas negativas, tanto de su vida personal como de sí misma. ¿Quién no tiene una estantería de ropa en el armario que nunca se pone?

Fueron compras impulsivas, hechas sin pensar si realmente te hacían falta o te las podías permitir. En ese momento estabas de bajón y compraste o estabas muy alegre y no pudiste contenerte.
La persona adicta a las compras está continuamente en esos estados emocionales y no conoce otra forma de afrontarlos.
Busca satisfacer el placer y llena ese vacío a través de las compras. Es su forma de evadirse de los problemas, mientras compra no piensa en ellos. Compra objetos innecesarios y esta forma de gastar lleva a la persona a adquirir deudas, tanto con los bancos como con los familiares y amigos. Muchas veces recurre al anticipo de la nómina por parte de la empresa donde trabaja para llegar a fin de mes. Entra en un bucle sin salida y cada vez se hace más grande.

Un consejo que te quiero dar, si en algún momento esta persona te pide dinero, pregúntale si ha ido al banco y si este se lo ha denegado, vigila. Si una empresa que vive de prestar dinero, le deniega el préstamo, significa que esta persona no es de fiar.

La abstinencia a la adicción psicológica suele durar bastante más que la física. Como he mencionado más arriba, suele desaparecer en unos 8-12 días, sin embargo, en la psicológica, se podría hablar incluso de meses/años. Esto sucede porque viene reforzado por un sistema de creencias que apoyan el consumo. Cada vez que se ha comprado, los efectos recibidos han sido positivos, se han asociado ambas acciones, compras - bienestar. Digamos que cada vez que me discuto con alguien, voy de compras, a un prostíbulo, juego a algún video juego, o me conecto a una red social. Este acto me relaja y me acaba gustando esa sensación de alivio y bienestar. Más adelante profundizo en estas adicciones, ahora prefiero seguir con los efectos que causan las químicas, para que entiendas el motivo de su consumo.

Básicamente hay tres tipos de drogas, según lo que busque el sujeto, tomará una u otra. Las drogas pueden ser activadoras o depresoras del sistema nervioso central (SNC) y alucinógenas. Esto viene a ser que te excites, te calmes o que flipes. Las activadoras dan energía y las depresoras calman.

- **Excitadoras:** cocaína, anfetaminas, cafeína, medicamentos antidepresivos, etc.
- **Depresoras:** opio, morfina, heroína, alcohol, medicamentos, analgésicos, etc.
- **Alucinógenas:** (visión/audición distorsionada, ves y oyes lo que no hay), LSD, éxtasis, ketamina, mezcalina, setas, etc.

Por otro lado, voy a tocar un poco los antidepresivos, los más eficaces y utilizados son los ISRS (Inhibidores Selectivos de Receptación de Serotonina).

- **Los ISRS:** bloquean la reabsorción (recaptación) de serotonina en el cerebro, logrando que haya más serotonina disponible durante más tiempo. Este hecho hace que estemos más calmados y al influir sobre la melatonina, dormimos mejor. Te expongo los seis más representativos:

1 - Citalopram   4 - Escitalopram
2 - Fluoxetina   5 - Paroxetina
3 - Sertralina   6- Fluvoxamina

Con lo que he explicado anteriormente sobre la Serotonina, entenderás su función y porqué son tan eficaces y pueden causar adicción estos medicamentos. Sólo se deberían tomar para trastornos post-traumáticos, dolor crónico y trastornos depresivos, pero nunca para un malestar, como puede ser la tristeza o un estado melancólico. Cuando se consumen para estas últimas situaciones es cuando hay realmente peligro de adicción. Con el uso habitual los síntomas que se padecen son:

- Alteraciones digestivas.
- Boca seca.
- Dolor de cabeza.
- Náuseas o vómitos.
- Diarreas, espasmos intestinales.
- Estado ansioso.
- Temblores.
- Vértigo.
- Insomnio.
- Pérdida de la líbido.
- Alteraciones en la eyaculación.

Ya he comentado al principio del libro que en el transcurso de la vida experimentaremos situaciones no tan buenas como desearíamos, y no por ello vamos a medicarnos para superarlas. Hay que aceptarlas y adaptarse. Te voy a contar una historia para que veas la importancia de enfrentarse a las situaciones y no huir de ellas.

- **Burn-out (síndrome del empleado quemado):** mi nombre es Pedro y estoy sufriendo este síndrome. Soy encargado en una tienda de deportes y he pasado de amar mi trabajo a odiarlo.
He llegado a tal punto que lloro con sólo pensar en él. Hace once meses y medio que estoy de baja laboral y además, soy adicto a los antidepresivos. En cuanto a la baja laboral, en unos días pido el alta médica voluntaria, mi seguro médico sólo me cubre un máximo de un año consecutivo parado. La nómina se ve muy reducida y no me alcanza para llegar a fin de mes.

Este síndrome lo puede padecer cualquier trabajador, ya sea el propietario, director, encargado o empleado, siempre que cumpla estos requisitos:

- Perfeccionista.
- Autoexigente.
- No saber delegar.

Es una persona apasionada por lo que hace. Se podría resumir diciendo que adora su trabajo pero no puede más, la persona que lo padece está física y mentalmente agotada. Ha permitido que una situación intolerable sobrepase sus energías y condición de ser y actuar. Reconoce que trabaja demasiado o hace muchas horas pero, lo encuentra normal, es más, se justifica.

Es la primera en llegar al trabajo y la última en irse. Tiene la creencia de que es indispensable y se comporta según piensa que los demás esperan de ella. Es decir, que sea un robot.

A este síndrome nos enfrentamos de dos formas. Cogiendo la baja laboral para recuperarnos o haciendo lo mínimo, sólo lo necesario para justificar nuestro trabajo. Pasamos de ser un trabajador ejemplar a ser uno más, te resignas y abandonas todas tus perspectivas para no enfermar.

Te dices: *"para lo que me pagan, ya hago bastante, mejor saco el pie del acelerador"*.

Se compone de tres fases consecutivas y no las ves llegar hasta que has entrado y ya no puedes salir, es como las arenas movedizas, cuanto más te mueves, más te hundes.

Las tres fases del Burn-out:

1- Vas a trabajar entusiasmado e ilusionado con el trabajo que desempeñas. Tienes buenas expectativas sobre tu futuro en la empresa.

2- Te empiezan a exigir cada vez más por el mismo sueldo o tú mismo te lo exiges. Aquí empieza la frustración y la desilusión al ver cómo se esfuman tus expectativas. El trabajo te agota, tienes que hacer más en el mismo tiempo o lo mismo en menos tiempo (falta de personal y/o maquinaria).

3- Llega el estrés y la apatía. Te resignas al ver que no alcanzas tus objetivos marcados. Estás cansado pero la ansiedad no te permite dormir ni descansar. Te vuelves histérico y para sobrellevarlo, haces algo de deporte, vas al cine y eso te distrae.

Al principio hace efecto pero van pasando las semanas y estás cada vez más agotado y agobiado, con lo cual, dejas de entrenar y quedar con los amigos para salir por ahí. No soportas la situación y acudes a los somníferos para conciliar el sueño. Duermes, aunque no descansas. Estás muy apático y empiezas a consumir antidepresivos para animarte.

Los somníferos te dejan tan dormido que por las mañanas, no arrancas y debes tomarte dos cafés y un antidepresivo. Llegado este punto, te vuelves adicto a los medicamentos y no eres capaz de funcionar sin ellos. En cuanto los quieres dejar, te entra el bajón, sueño, cansancio, angustia, irritabilidad. No lo soportas y cedes a ellos. Has entrado en el bucle.

- **Somníferos:** son muy efectivos. Los tomas y duermes toda la noche de un tirón. Son más adictivos que la heroína ya que te alivian casi al momento, en pocos minutos. Otro añadido es que, los vas a tomar para calmarte y en cuanto tengas la cabeza dándole vueltas a cualquier problema, en vez de enfrentarte a él, querrás dejar de pensar y los consumirás. Con el tiempo crees que ya no puedes dormir sin ellos y te has vuelto adicto psicológico. No olvidemos que son opiáceos, pero tienen una peculiaridad, por mucho que duermas, no es un sueño reparador con el que puedas descansar y reponer energías, sino, más bien, es una anestesia leve, te aleja del presente. Bloqueas temporalmente tus problemas pero, en cuanto te despiertas, te los encuentras de frente.

Igualmente, quiero recalcar que si conoces su función, los sabrás utilizar sin caer en la adicción. Están creados para tratar el insomnio ocasional pero no para el de larga duración, ya he mencionado anteriormente que a partir de los 15 días pueden causar adicción. Si no consigues dormir después de dos semanas, la solución podría ser un factor nutricional o la forma que tienes de enfrentarte a la vida. Seguramente no te estás alimentado como es debido, practicas poco deporte o te preocupas demasiado por los sucesos de la vida cotidiana. Por eso es tan importante hacer terapia y no lo es tanto la medicación.

- **Mi historia con el burn-out:** empecé con el estrés. No lo supe controlar y me llevó al estado de ansiedad permanente. Tampoco lo supe gestionar y caí en depresión. El trabajo me causaba tanto miedo que muchas veces me ahogaba, me faltaba el aire, estaba indeciso, era incapaz de tomar la iniciativa y dirigir a mi equipo. En las reuniones de empresa me quedaba en blanco y no podía transmitir las inquietudes de los compañeros y en consecuencia, tampoco viceversa.

Esto llevó a la desconfianza por parte de mis compañeros sobre la dirección y esta pensaba que todo estaba en orden. No se oían quejas, nadie pedía aumento salarial ni nada por el estilo. En una ocasión sufrí una crisis de ansiedad en medio del almacén y me tuvieron que ingresar en el hospital durante varios días. Agradezco haber conocido a la psicóloga que me trató y me hizo terapia durante diez meses. Hasta ese momento sólo me había automedicado, pero es lo normal, ¿no?

Vas a la farmacia, le dices lo que te pasa al farmacéutico, describes los síntomas y te venden los medicamentos. Luego si no mejoras, vas al médico y este te receta algo más fuerte o simplemente aumenta la dosis de los que ya consumes. En ningún momento me propusieron acudir al psicólogo, practicar deporte, hacer yoga, meditación o cualquier otra terapia para aliviar o reducir mi nivel de estrés. Lo único que me decían es que tenía un problema de depresión y que debía medicarme con antidepresivos. Esta situación empezó hace tres años y ese es el tiempo que llevo medicándome. Mi estado de depresión llegó por causa de mi ansiedad, con lo cual primero tenía que trabajar el estrés para que este no se convirtiera en ansiedad y no derivara en depresión. Este es el tratamiento que estoy llevando a cabo, la psicóloga me está dando herramientas y estrategias para afrontar las situaciones de estrés y que estas no vayan a más.

Todo empezó con los recortes en la empresa, éramos nueve empleados y despidieron a tres. Además de esto, no quieren invertir en renovar la maquinaria para etiquetar, la que tenemos está desfasada y cuando no se estropea por una cosa, es por otra y acabamos haciéndolo a mano. Todo este tiempo que perdemos lo recuperamos del nuestro propio, del que disponemos para almorzar, tomar café, fumar y comer.

Si antes almorzábamos en 20 minutos, ahora lo hacemos en 10 o no almorzamos. Tampoco paramos para el café y los que fuman, como ya no paran para hacerlo, se ponen más nerviosos. Luego, para comer, más de lo mismo, tenemos un descanso de dos horas, pues ahora paramos una y a veces ni eso.

Esta situación se puede soportar durante un tiempo. Haces un esfuerzo y lo vas llevando como puedes pero llega un punto que ya no tienes fuerzas y te discutes con tus compañeros y se crea mal ambiente. Lo que antes era una familia y nos contábamos todo, ahora se ha convertido en un campo de batalla. Cuando éramos nueve empleados, el problema de la maquinaria se podía pasar por alto porque siempre había alguien que suplía su función pero, con seis, es imposible. Unos tienen que atender a los clientes, otros, ordenar la ropa en los escaparates y otros, reponer el género y cuando la maquinaria falla, es como si nos cortaran un brazo, nos falta un miembro del cuerpo.

La verdad es que debo decir que la dirección, en ningún momento me empujó a facturar más, ni a mantener el mismo ritmo de trabajo. Eran conscientes de la situación y además, tenían tres nóminas menos que pagar, con lo cual, aunque facturábamos menos, las cuentas siempre estaban en positivo. En esta problemática entra mi forma de ser. Como soy perfeccionista no soporto la frustración y soy incapaz de asimilar que este año aun siendo menos personal, no pueda facturar lo mismo que el año anterior y aquí entra mi autoexigencia, no me doy el placer de descansar. Me lo tomo como algo personal. Es un reto contra mí mismo, intento cambiar, pero no puedo, es como si quisiera demostrarme algo. Para ganar tiempo, dejo de almorzar y el café me lo tomo en la trastienda. Ya no voy al bar y para comer, me llevo un bocadillo de casa. Mi autoexigencia no me permite delegar responsabilidades en los compañeros, – no sé si es por miedo a perder el puesto o es que no me fío de ellos, me digo o lo hago yo, o no se hará bien –

Este estado de exigencia hace que pida lo mismo a los demás y si no lo hacen, los juzgo de vagos y les recrimino todo. Pero no lo hago con maldad, es que estoy tan irritado que es la única forma que veo de tratar con ellos. Por la noche cuando llego a casa, estoy tan cansado que no quiero hacer gran cosa. Ceno con mi mujer e hijo y me voy a la cama, pero estoy tan angustiado que no puedo dormir, por lo tanto, acudo a los somníferos.

Los fines de semana, en vez de salir con ellos al cine, al parque o a dar un paseo por la ciudad, me quedo en la cama todo el día. Sólo quiero dormir. En ocasiones, me llevo el trabajo a casa y acabo discutiendo con los dos. Mi mujer me ha dado un ultimátum, o cambio de actitud o pide el divorcio y se lleva al niño con ella. Ya no soporta vivir con una persona tan deprimida. Me dice que no lo entiende, tengo un trabajo que me apasiona, está cerca de casa, tengo compañeros agradables y una buena nómina. Ella también es encarga de tienda y no sufre mi malestar y cuando tiene un día complicado, no lo paga con la familia. Tiene alta resiliencia y una buena autoestima. Sabe decir NO cuando le conviene y decir SI, cuando le interesa, es muy astuta.

Saber decir NO, es tener claro las tres preguntas de cualquier periodista: Donde, cuándo y cómo. Con estas preguntas sabrás qué hacer y decir sin perjudicar a tu persona. Elegirás el lugar, decidirás el momento y la forma de hacerlo.

Está convencida de que si sigo por este camino me va a dar un infarto al corazón o de tanto medicarme, voy a empezar a tener ideas suicidas.

Me preguntó: – ¿Merece la pena sufrir o morir por un trabajo que luego vendrá otra persona, lo hará peor y estará mejor valorada que tú? –

El ataque de ansiedad fue al día siguiente de esta charla con mi mujer pero, mi organismo ya me estaba avisando hacía bastante tiempo. Adquirí un tic nervioso en el ojo izquierdo, me salieron muchas canas y tenía zonas de la cabeza sin pelo, se me caía por mechones. La psicóloga que me trata es una antigua compañera de clase de mi mujer y en cuanto salí del hospital, empecé la terapia. Me ha hablado de los antidepresivos y me ha chocado algo sorprendente sobre ellos. Estos medicamentos no deben administrarse más de un año consecutivo. Si durante el primer año de consumo no te han mejorado el ánimo, no van a hacerlo en los siguientes, no tiene sentido que sigas con ellos.

¿Cómo puedes seguir medicándote esperando que algún día hagan efecto?

Cuando los consumes durante un mes, tu estado anímico debe haber mejorado mucho. En mi caso particular, la solución no pasaba por ellos.

Me había vuelto adicto a la sensación de paz que sentía que cuando los consumía. El miedo a sufrir otro ataque de ansiedad me ha llevado a adquirir Agorafobia (miedo a los espacios abiertos). No puedo salir de casa sin mis pastillas y si en alguna ocasión me las olvido, voy a la primera farmacia que encuentro y compro más. No soporto la idea de padecer otro ataque y no tener un hospital cerca. A nivel físico he superado la adicción, pero a nivel psicológico, no.

– ¿Ves a dónde me ha llevado la ansiedad? – por no enfrentarme a ella y simplemente medicarme para controlar la intensidad.

La terapia psicológica que estoy siguiendo tiene dos objetivos claros, uno es desengancharme de los medicamentos y el otro, volver a sentir pasión por mi trabajo, que tanto me ha aportado. Te cuento la parte de la felicidad en el trabajo, cómo lo estamos abordando.

- Ser feliz en el trabajo: se adquiere poco a poco, asimilando cada situación, es un cúmulo de experiencias. La felicidad no se encuentra de antemano, se construye. Ser feliz en el trabajo no es que te guste lo que haces, sino que, no te desagrade. Puede ser que te compensen los horarios, el sueldo, el ambiente, la ubicación, etc…

Para poder hablar sobre la felicidad, debo explicarte qué son las emociones y sus funciones. Tanto las negativas, como las positivas.

. **Las negativas:** el miedo y la ansiedad están vinculadas a la supervivencia. El miedo nos previene del peligro y la ansiedad nos mantiene en tensión hasta que superamos esa situación. Estás triste porque no estás bien, quieres un cambio. Esa sería la fase del estrés, estás viendo que los cambios en el trabajo te asustan y debes hacer algo para remediarlo pero, en vez de actuar en consecuencia, te lo guardas y vas aguantando hasta que te entra la ansiedad y caes en depresión. Tienes el síndrome de superman/superwoman. Es la persona que se cree que puede con todo y no delega.

. **Las positivas:** la alegría y el placer cumplen la función del disfrute de las situaciones, de saborear lo conseguido. Has superado las negativas y las has convertido en positivas. Son las encargadas de tener ganas de vivir, de hacer cosas, de pensar en un mañana mejor. Se separan en los tres tiempos, el presente, el pasado y el futuro. Del presente se saborea lo conseguido (el aquí y ahora). Del pasado, su recuerdo, cuando nos planteábamos conseguir ese objetivo y cómo nos sentíamos en ese momento y del futuro, la esperanza de seguir igual o mejorar.

. **Resumido sería:** la tristeza sirve para afrontar cambios, el miedo para buscar refugio y la alegría para disfrutar de lo conseguido. Usa el miedo como motor de superación y la alegría y satisfacción como refuerzo para darle continuidad en el tiempo. Esto viene a ser el placer por hacer las cosas. De aquí viene el estrés, cuando las negativas superan a las positivas. Cuando la báscula tira más hacia el miedo y nos quedamos sin recursos para afrontar las situaciones adversas.

Viéndolo de esta forma, cuando empecé a sufrir estrés porque me veía desbordado por el trabajo, tenía que haberme planteado para qué tenía este puesto, qué esperaba de él y qué aportaba yo. Ser coherente con lo que pienso, busco y hago. Hubiera visto que mi función es la de liderar la empresa, de crear buen ambiente entre los compañeros y mediar entre ellos y la dirección. Si aporto estrés, recibo mal rollo y ansiedad por parte de los demás. Sin embargo, si aporto calma y serenidad, recibo algo parecido y eso se traduce en más facturación.

Dejo 4 preguntas para que veas la importancia de ser coherente con lo piensas y dices:

1- ¿Para qué tengo este puesto de trabajo, qué espero de él? Dinero, tiempo libre, seguridad laboral o simplemente, me gusta y listo.
2- ¿Qué espero del ambiente laboral? Hacer buenos compañeros, hacer amigos y qué ofrezco yo.
3- ¿Cómo combato el estrés sufrido? Con el ocio, diversión, relajación (con el dinero que gano o el tiempo libre que tengo).
4- ¿Qué aporto yo a la empresa? Sólo debes aportar tu bienestar, porque una persona satisfecha trabaja mejor y más.

Una empresa es un cúmulo de personas, si estas personas no trabajan a gusto, la empresa no factura. Imagínate que la mayoría de los empleados estén felices, esta empresa si o si, irá mejor. Va todo relacionado, dirección y empleados van a la par. Es como en los 3 mosqueteros.

" Todos para uno y uno para todos "

En cuanto al objetivo de desengancharme de los medicamentos, una vez finalizada la terapia para superar la adicción a los antidepresivos, empezamos con la de los somníferos. En esta ocasión iba a hacer terapia de grupo. La psicóloga me comentó que era una adicción muy común, tenía un grupo ya formado y me introdujo en él. Fue muy chocante tener que presentarme a los demás miembros y decir – Hola, me llamo Pedro y soy adicto a los somníferos –

Era un grupo diverso y activo. Todos aportábamos algo interesante en cada sesión, cada uno contaba su historia y cómo entró en este mundo. Había casos muy dramáticos, me impactó mucho el de una mujer que se sentía tremendamente culpable porque su sobrina casi pierde la vida. Había hecho un mal uso de uno de sus medicamentos hipnóticos. Esta mujer además de ser adicta a los somníferos, también lo era al Diazepam y al Lorazepam. Llevaba dos años separada y no conseguía superarlo. Fue una relación traumática, maltrato psicológico, vejaciones, humillaciones en público y agresión física. Más adelante profundizo en su historia, su nombre es Lucía.

Por ahora, sigo con la de su sobrina, Natalia. Entró en el mundo de las drogas por diversión y, sobre todo, por desconocimiento de sus efectos.

- **Natalia:** tengo 14 años y soy una de las chicas más populares del instituto. Mido 1,62 cms, soy morena y estoy delgada. Mi peso no te lo digo porque más adelante quiero hablarte de la anorexia y de Sandra, una chica a la que acosábamos constantemente *(Bullying, acoso escolar).*

Nunca nos había hecho nada, pero personalmente, no la soportaba, era una devora libros y mosquita muerta. Me sentía muy bien cuando la veía llorar y nos pedía que no le pegáramos ni humilláramos, – ¡Ah!, qué bien me sentía, ¡poderosa! –

Pero el motivo real era que el chico que me gustaba se había fijado en ella y no entendía cómo podía ser eso. Todos los chicos del instituto deseaban estar conmigo – ¿por qué no él? –

Ahora te cuento cómo fue mi historia: Con un grupo de amigos del instituto nos reuníamos los viernes por la noche en casa de mi primo James. Su madre es enfermera y su padre policía, trabajaban por turnos y los viernes siempre les tocaba el de noche. Hacíamos lo que se denominan las pharm parties *(fiesta de las pastillas),* cada uno traía las pastillas que podía. Unos se las robaban a sus padres, otros a sus abuelos o hermanos con trastornos como el TDA, yo, se las quitaba a mi tía. Tenía un botiquín de esos de emergencia en el lavabo. Luego juntábamos las pastillas, a veces la machacábamos y las esnifábamos, otras veces nos las bebíamos con cerveza o cualquier otra bebida alcohólica. Lo importante era divertirse, nos gustaba la sensación de no saber qué podía pasar.

La marihuana, cocaína, heroína son ilegales, pero estas, no. No queríamos hacer nada ilegal y correr el riesgo de ir a la cárcel. Todos estos medicamentos se pueden conseguir en las farmacias. Nuestros padres iban al médico y con decirles que se encontraban tristes y melancólicos, les recetaban antidepresivos, otras veces, les decían que estaban angustiados y les recetaban ansiolíticos para calmarse, vamos que era un chollo para nosotros. Drogas gratis y subvencionadas por el estado. ¡Maravilloso!

En una ocasión, consumí tanta cantidad que caí redonda y me violaron. Me di cuenta al día siguiente, cuando desperté con la ropa rasgada, sin ropa interior, con las entrepiernas manchadas de sangre y un dolor de cabeza horrible – menuda borrachera debí coger esa noche, pensé – Soy incapaz de recordar nada.

Pasados unos días fui al ginecólogo y me confirmó que ni estaba embarazada ni había contraído ninguna enfermedad de transmisión sexual. Cuando le comenté lo sucedido, me dijo que fui drogada con Rohypnol. Es un hipnótico muy potente y mezclado con Diazepam y alcohol, imagínate el cocktail.

Sus síntomas más característicos son el dolor de cabeza, desorientación y amnesia. Cuando estás bajo sus efectos actúas como una persona ebria, así que, si alguien te ve, creerá que estás borracha y no sospechará nada. Sus efectos son muy rápidos, desde que la tomas hasta que surge efecto, transcurren apenas 15 minutos.

La peor parte de esta pequeña historia fue la espera de los resultados para las enfermedades de transmisión sexual. Fueron 3 meses horribles. No se los deseo a nadie. Sólo con pensar en haber contraído el SIDA, me ponía a llorar y lamentar todo lo sucedido. Conozco a personas con esta enfermedad y me cuentan que lo peor que tiene, no es la muerte en sí, sino, el aislamiento social que padeces, todos te dejan de lado. En cuanto saben que estás infectada, se inventan cualquier excusa para alejarse de ti. Yo soy muy activa entre mi círculo de amigos y no soportaba la idea de quedarme sola. Este ritmo de vida duró hasta los 18 años. Edad a la que me violaron y mi vida dio un giro de 180 grados gracias al médico que me atendió. Me preguntó por mi salud mental y física, se percató que pesaba demasiado poco para mi altura. Lo reconozco, sufrí anorexia, durante 7 años, empecé a los 11.

En el momento de la violación estaba pesando 37 kilos, pero a los 17 años había llegado a los 32 kilos. No me quedé embarazada porque sufría de amenorrea y esos cinco kilos de más se debían a que estaba bajo tratamiento hormonal para llegar a los 49 kilos y así recuperar la menstruación. Reduje tanto el consumo de alimentos que estuve a punto de perder la vida en dos ocasiones por paro cardiaco.

- **Amenorrea:** pérdida de la menstruación por falta de grasa en el organismo, ya sea por hacer demasiado ejercicio o por no alimentarse.

Te voy a explicar qué es la anorexia y también te hablaré de la bulimia, ambos trastornos se engloban dentro de los:

Trastornos de la Conducta Alimentaria (TCA)

- **Anorexia:** falta de apetito y, en consecuencia, la persona ayuna o no come porque está enferma, el organismo centra toda su energía en recuperarse. En cuanto recupera el apetito, vuelve a comer.

- **Anorexia Nerviosa (AN):** es el trastorno como tal, la persona deja de comer por voluntad propia, para adelgazar o no engordar, como único objetivo conseguir un cuerpo perfecto. Tiene hambre, pero lucha por no comer, está continuamente en guerra con su organismo. Sufre de percepción distorsionada y aún estando literalmente en los huesos, se sigue viendo gorda. Para esta persona la obesidad es algo asqueroso, lo asocia con malestar.

Se le puede considerar un trastorno mental expresado con la ingesta de alimentos. En este caso la persona enfoca su trastorno en no alimentarse, pero podría haberlo hecho hacia cualquier otra adicción como pueden ser, el juego, el tabaco, el alcohol, el sexo, el trabajo, o cualquier sustancia ilegal.

Es un desorden alimenticio y psicológico a la vez. No es de extrañar que se vivan episodios de purgación (vómitos). El hambre es tan feroz, que a veces la persona cede, pero se siente tan culpable que vomita. También, podría incluirse dentro del Trastorno Obsesivo Compulsivo (TOC). La obsesión es la comida y las compulsiones son los rituales que ejerce para no comer (masticar un número de veces en concreto, beber más agua de lo que come, esparcir la comida por el plato) o vomitar.

La mayoría de las veces la anorexia empieza por una dieta restrictiva, se van reduciendo las comidas diarias. Si normalmente come tres veces por día, pasa a comer dos y luego a una. Como el hambre aprieta, vuelve a comer tres veces, pero en menor cantidad. Con el tiempo el estómago se va encogiendo y con menos cantidad, se siente saciada. La persona se vuelve experta en alimentación, pero no tiene en cuenta las diferencias entre carbohidratos, grasas y proteínas. Cree que todos los alimentos aportan las mismas calorías y de la misma forma.

No es lo mismo un sándwich de queso que un trozo de pizza como tampoco es lo mismo una manzana que un bollo relleno de chocolate. Para reducir la cantidad empieza eliminando los carbohidratos, pensando que engordan, cuando en realidad son el combustible del cuerpo. Esta forma de comportamiento se divide en dos categorías diferentes, en *la restrictiva y la purgativa*.

- <u>Restrictiva:</u> se empieza por dietas muy estrictas, se pasa de una a otra sin parar. Como no encuentra la idónea, se crea la suya propia, dejar de comer tanto. Se vuelve una experta de la alimentación, pero es demasiado rígida y suprime los carbohidratos, para luego sólo ingerir unos pocos alimentos seleccionados. A medida que pasa el tiempo reduce la cantidad y las veces que come en un día. Llegando incluso a no comer. Para disimular, la trocea en trozos pequeños y esparce por todo el plato, así a ojos de los demás parece que ha comido algo.

- Purgativa: se provoca el vómito, usa laxantes, diuréticos y abusa del deporte. En cuanto consume algunas calorías, quiere quemarlas.

Esta persona tiene un perfil muy definido:

- Baja autoestima.
- Perfeccionista.
- Obsesiva – compulsiva.
- Controladora.
- Autoexigente y domina el arte de la mentira.

Cuando digo que domina el arte de la mentira, no es que sea mentirosa compulsiva (mitómana), sino, más bien que es una maestra y lo hace para controlar la situación y que nadie se percate de su trastorno. Tiene un objetivo en concreto, enmascarar su problema. Igual que esparce la comida por todo el plato para no ser descubierta, también viste con ropa ancha e incluso con varias prendas, una encima de la otra, lo que sea para disimular su pérdida de peso. Si tiene que pesarse en presencia de más gente, es capaz a meterse monedas en los bolsillos para engañar a la báscula a ojos de los demás.

Este trastorno se diferencia de la bulimia en que en el segundo se dan atracones de comida excesivos y luego se recurre al vómito. Hay que decir que el perfil de la persona es diferente, en este caso suele ser extrovertida y sociable, aunque comparten la baja autoestima, sólo que en la anorexia, se muestra como una persona reservada y tímida y en esta, se muestra al contrario, hacia fuera, como una persona alegre. También añadir que es impulsiva.

- **Bulimia:** aquí la persona no es que quiera adelgazar, sino, más bien, no quiere engordar, que es diferente. De ahí que sea tan difícil de descubrir, porque físicamente no está desnutrida, es más, suele estar un poco pasada de peso. Igualmente, este trastorno también se diferencia en que la persona come de todo, pero en exceso, no puede parar por su impulsividad. Una vez acaba de comer, vomita porque se siente culpable, no quiere engordar y se siente sucia por haber comido tanto.

- **La anorexia de Natalia:** Te voy a contar cómo empecé con el trastorno para que tú no hagas lo mismo. Hazme caso, nunca peses la comida, se puede volver obsesivo. Si vas a hacer alguna dieta, recuerda, nunca te guíes por su peso, sino, por sus calorías. No es lo mismo 100 gr de carne de ternera que 100 gr de cordero, de cerdo o de pollo y menos aún, de pescado. La comida sólo se pesa bajo supervisión médica, ya sea para la preparación de una competición o simplemente para adelgazar.

Si no eres nutricionista o médico, no lo hagas. También ten presente este consejo, para bajar de peso, céntrate en el espejo, este te muestra la realidad, primero posa desnuda y luego vestida. Hazlo siempre con la misma ropa. No te recomiendo la báscula porque el músculo pesa más que la grasa, puedes medir 1,65 cms y pesar 75 kilos y sin embargo no tener apenas grasa corporal, en cambio, en la misma situación, puedes estar gorda y flácida.

Te dejo algunas preguntas: ¿Practicas deporte, llevas una vida sedentaria, te alimentas correctamente o te nutres de grasas saturadas y azúcar refinado? - Qué buscas, ¿pesar poco o estar delgada? porque puedes estar delgada y tener un peso saludable, musculada. Estar delgada no significa pesar poco, significa tener un peso saludable en relación a tu altura.

Retomo la conversación. Pesaba la comida minuciosamente, no debía comer más de 900 calorías diarias. Esto me reafirmaba y mantenía tranquila porque era un punto de referencia que tenía. Buscaba mi bienestar, sentirme a gusto conmigo misma. No aceptaba mi cuerpo tal cual era, siempre estaba pensando en el peso y en mi imagen. La báscula y el espejo se habían convertido en mis únicos amigos, les hablaba y descargaba mi ira en ellos.

Cuando veía comida me entraba el pánico, tenía miedo a ingerir cualquier alimento. Mis padres me obligaban a comer y para no discutir, lo hacía, pero acto seguido iba al lavabo y vomitaba. Esto era al principio, pero luego empecé a tomar laxantes y diuréticos y para rematar, me inscribí a un gimnasio. Me pasaba horas pedaleando o caminando en la cinta de correr. Tenía que bajar de peso como fuera. El día que no comía, simplemente me quedaba en casa tumbada en el sofá, pero cuando me obligaban a comer, acudía a los vómitos, laxantes y al deporte. Se convirtió en una rutina. Me volví adicta al deporte, ya no disfrutaba de él. Mientras entrenaba no dejaba de pensar en las calorías, en la comida, siempre la dichosa comida. No entrenaba para estar en forma sino, para quemar las calorías ingeridas, tenía que entrenar a diario.

La diferencia entre practicar deporte por placer y hacerlo porque te has enganchado, se puede resumir en que en la primera opción disfrutas con él. Te gusta la sensación de tranquilidad que te aporta. Mientras entrenas no piensas en tu rutina diaria. Vives el ahora y aquí, saboreas la sensación de sufrimiento que te causa el esfuerzo porque eres consciente de que después del esfuerzo llega la recompensa. Disfrutas de lo que haces, lo saboreas (levantar pesas, estiramientos, correr, pasear). Te marcas unos objetivos y los vas alcanzando y eso te refuerza para seguir y no abandonar.

Sin embargo, en la segunda opción, entrenas por la necesidad de aliviar esa sensación de culpabilidad que inunda tu mente. Mientras entrenas, no disfrutas, lo haces para evadirte, para no afrontar el problema real que tienes. Tratas de compensar esa carencia o síntoma psicológico con el deporte. No eres realista y pierdes el objetivo final de por qué empezaste a practicarlo. Aunque estés cansado o enfermo, quieres entrenar y si no lo haces te sientes fatal. Viene a ser la abstinencia, la estás sufriendo, te pones de mal humor y no quieres saber nada del mundo externo, sólo quieres satisfacer esa necesidad.

- **Beneficios del deporte**: es una medida no farmacológica tan eficaz o más que los medicamentos. A través de él, nuestro organismo activa las mismas hormonas y neurotransmisores que cualquier droga (endorfinas, serotonina y dopamina) y previene de muchas enfermedades, tanto físicas como mentales: la obesidad - la hipertensión - la diabetes - el Alzheimer - el Parkinson - la ansiedad y la depresión. En nuestro caso, especialmente las dos últimas.

Los psicólogos siempre recomendamos practicar deporte por esta misma razón. Es una terapia rápida y eficaz para no entrar en depresión. Si por cualquier circunstancia no puedes practicar deportes de resistencia y/o fuerza, practica yoga, estiramientos o camina, cualquier actividad física ayuda al organismo a segregar estos neurotransmisores y hormonas. Por otro lado, fortalecemos la voluntad y adquirimos hábitos saludables. Trabajamos con la mente activa, es decir, generalizamos esta conducta a cualquier ámbito de nuestra vida: pareja, trabajo, amigos, etc...También ayuda a dejar de fumar o por lo menos, a reducir su consumo porque no es muy compatible con el deporte. Cuando quieres hacer una sesión un poco intensa, te falta el aire, te ahogas, entonces, decides reducir su consumo o abandonarlo.

Si te gusta, no lo dejarás pero reducirás la cantidad. Igualmente, debo añadir que libera tensiones, con lo cual alivia el estrés y esto nos produce sensación de bienestar. En consecuencia, ganas autoconfianza y te sientes más seguro. Te ves capaz de emprender cualquier actividad y no te preocupa la opinión de los demás. Las actividades como: sonreír, meditar, escuchar música, bailar, darse un baño de agua caliente (sauna, jacuzzi), salir con los amigos (socializar), hacen aumentar los niveles de endorfinas en la sangre.

Es un engranaje que se retroalimenta por sí solo. Cuando practicas cualquier actividad física, te encuentras bien y te apetece socializar e incluso ampliar el círculo de amigos y conocidos. Con lo que acabo de explicar, entenderás por qué muchas veces cuando llegas cansado de trabajar y lo único de deseas es quedarte en el sofá, haces el esfuerzo de ir a entrenar y vuelves con las pilas cargadas. Te dices –¡Wow!, estoy bien despierto –

Si eres una persona sedentaria y quieres darle la vuelta a tu rutina, ser deportista. Estás de suerte, porque el deporte no conoce de edades, cualquier edad es perfecta para empezar.

Lo primero que debes hacer es una revisión médica para saber cómo tienes la tensión arterial y el colesterol. Una cosa buena que tiene el cuerpo es lo que se denomina memoria muscular, y es gracias a la dopamina. Se acuerda de cuando practicabas deporte en la infancia. Lo bien que te sentías después de entrenar. El truco está en aguantar 21 seguidos haciendo la rutina, porque en 21 días se consigue un hábito y en 3 meses se convierte en rutina. Digamos, entrenar 3 veces por semana, si aguantas 3 semanas, tu cuerpo ya se acostumbra a su nuevo hábito. Si luego eres capaz de aguantar 3 meses más, ya será tu nueva forma de vida. Podrás decir: – soy deportista –

En casa siempre he visto a mi madre y a sus amigas hacer dieta. Cuando llegaba mayo restringían mucho el consumo para verse bien en verano. Mi madre tomaba muchas pastillas para adelgazar, pero, sin embargo, no practicaba deporte. No salía ni a caminar, ni acudía a un experto de la alimentación para asesorarse. Se compraba alguna revista o buscaba algún artículo en internet y lo seguía a rajatabla. Hacer dieta siempre ha formado parte de mi vida. Troceaba la comida en trozos muy pequeños, masticaba 150 veces antes de tragar, comía de pie y sobretodo, bebía agua para que el estómago se llenara antes. Contaba todas las calorías que ingería, tenía la creencia que comer de pie, quemaba calorías.

Lo bueno que tiene practicar tantas horas de deporte es que no tenía que vomitar y así no sentía los espasmos musculares del estómago y tampoco me quedaba mal aliento. Además, he perdido dos dientes debido a la descalcificación y los ácidos gástricos y no quería perder más. He asumido que se me cae el pelo por la falta de nutrientes, pero verme sin dientes, era demasiado. Para salir a la calle me pongo una peluca o una gorra y paso desapercibida.

Una de las consecuencias de este trastorno, es que me he quedado sin amigas. Ni yo quiero verlas, ni ellas me quieren ver a mí. No hago otra cosa que pensar en no comer o en comer impulsivamente para luego vomitar. No tengo nada, sólo la asquerosa comida que lo único que hace es hacerme sufrir. Me he quedado sola, no veo la televisión, ni voy al cine, ni leo. Lo único que me queda en la vida es mi anorexia. Subo encima de la báscula, bajo, me vuelvo a subir, vuelvo a bajar y salgo a correr o voy al gimnasio, vuelvo a casa y me subo a la báscula otra vez y así todos los días de la semana. Se ha convertido en mi estilo de vida. Según me dijo mi psicóloga esta rutina me daba seguridad y tranquilidad por eso me reforzaba, aún dañándome moralmente, continuaba con ella.

En cuanto empezamos a trabajar mi autoestima, empecé a cambiar de hábitos y a ver las cosas de otra forma. Comenzó con una simple pregunta:

- ¿Por qué te preocupa lo que los demás piensen de ti?
- Porque siempre me ha importado. Es el motivo por el cual empecé a adelgazar, le contesté.

- Mi anorexia: quería ser perfecta, para agradar a todos, bueno, más bien, no desagradar. – ¿Qué sería de mí, no ser perfecta, no dar la talla? – Sería mediocre, una perdedora. Estaba convencida de que, si me veían como una ganadora, la vida me iría mejor. La verdad es que nunca me cuestioné el por qué me importaba la opinión de los demás. Me creí las falsas apariencias que veía en los medios de comunicación. Esos cuerpos delgados y bellos, sin arrugas, ni celulitis. Pero – ¿cómo no iban a gustarme? – si les asocié unas virtudes fantásticas – Me veía delgada y triunfadora, relacioné estar delgada con ser lista y guapa.

No tuve en cuenta el resto de variables: la empatía, leer para adquirir cultura general, practicar deporte, socializar y ampliar mi círculo de amistades. Si las hubiera tenido en cuenta, seguramente no hubiera caído en la anorexia. Pero estas opciones sólo las pude ver gracias a mi psicóloga, a una serie de preguntas que me planteó:

- ¿Qué es para ti la perfección? Defínela con exactitud.
- ¿Qué ventajas tiene ser perfecta y qué desventajas tiene no serlo?
- ¿Quieres bajar de peso o estar delgada, te has puesto algún límite?
- ¿En qué peso te verías delgada y en cuál te ves gorda?
- ¿Por qué es bello estar delgada y feo estar gorda, en qué te basas?
- ¿Quieres verte guapa, atractiva o simplemente delgada?

- ¿Dependes de tu aspecto físico para ganarte la vida?
- ¿Sabes cómo mantendrás el peso una vez alcanzado tu ideal?

Esta última pregunta me dejó descolocada. Entendí que tendría que comer para sobrevivir y este fue el detonante de mi recuperación. Luego, otra pregunta que me dejó sin respuesta y me dio mucho que pensar: – ¿Qué pasaría si hoy mismo te quedaras ciega? –

Claro, yo tomo como referencia a otras chicas, si no pudiera verlas, no tendría nada que envidiar. Ni punto de referencia qué seguir. Tenía la autoestima por los suelos y dejando de comer me sentía bien porque notaba que era capaz de controlar algo, el hambre y el peso. Con cada kilo perdido y día transcurrido sin ingerir alimentos, reforzaba la conducta. Asocié no comer con bienestar y más me repetían que estaba delgada, más reforzada salía. Un aspecto que me gustó de la terapia es que no me recetó ningún medicamento.

Yo venía de consumir bastantes benzodiacepinas y en cuanto estuve bajo su terapia me las suprimió, obviamente, no fue de golpe, el proceso duró cinco meses, pero una vez transcurrido ese periodo, me sentía mejor que tomándolas. Era plenamente consciente de lo que pensaba y hacía. Recuperé la mente proactiva, así mismo, dejé de tener cambios de humor bruscos.

Por otro lado, la mujer insistía en dos preguntas, para hacerme entender lo contradictorio de mi conducta.

1- ¿Es más importante tu aspecto físico que el intelectual?
2- ¿Dedicas el mismo esfuerzo en desarrollar tu inteligencia que en bajar de peso?

Con las respuestas entendí que no conseguí mi objetivo, estar delgada y ser inteligente, ya que referente a la inteligencia, no me sirve de mucho. Estoy tan agotada que no rindo en el instituto, voy a suspender el curso por tercer año consecutivo. Apenas me alimento, por lo tanto, mi cerebro no tiene glucosa y no trabaja como debería. En estos momentos estoy diagnosticada de depresión, un trastorno común entre las personas anoréxicas.

Llevo 3 años en tratamiento y aunque ya estoy en un peso aceptable, debo trabajar mucho mi autoestima. Estoy aprendiendo a canalizar mis frustraciones hacia otra salida que no sea dejar de comer. Estamos trabajando mis virtudes y potenciándolas con el fin de sacarles el máximo partido.

- **La Bulimia de Lourdes**: empecé a ganar peso y a odiar mi cuerpo. No me gustaba verme en el espejo, la ropa ya no me entraba. Una tarde en el trabajo, un compañero me habló de las purgas auto inducidas (vomitar). Me dijo que sabía por lo que estaba pasando, también estaba en la misma situación. Vomitaba a diario y estaba encantado. – Nunca pensé que a los chicos les pudiera pasar lo mismo que a nosotras –

Trago y devoro como si me fuera la vida en ello. Es abrir la nevera y coger lo primero que pille y cuando ya no queda, acudo al congelador y devoro la comida congelada. No paro hasta quedar en estado semi-inconsciente y me duermo. – ¿No sé por qué lo hago? – quizás porque estoy aburrida o no quiero pensar en mi situación personal – En mis episodios bulímicos, como lo que generalmente me prohíbo. Es lo único que se me pasa por la cabeza. Apenas mastico, engullo y, sobre todo, lo hago con bocados grandes, para comer más cantidad en el menor tiempo posible. No puedo dejar de engullir, disfruto, no pienso en nada más y mi mente se queda en blanco, me evado. Como por comer y luego vomito, ya sé que es difícil de entender, pero no lo puedo evitar, es una pulsión que tengo. Cuando hago la compra, soy consciente que en cuanto me lo coma, vomitaré, por eso compro lo más barato que encuentro. Lleno el carro de comida basura, siempre lo mismo, alimentos con mucho azúcar o aceite, galletas, patatas fritas, bollos rellenos de chocolate, cereales, etc... La primera vez que vomité me sentí bien, relajada y sin presiones, asocié vomitar con tranquilidad. Con el paso del tiempo me he hecho dependiente a los vómitos, sin darme cuenta lo uso para cualquier situación que me causa malestar. Me recuerda al alcoholismo, la gente usa el alcohol para evadirse, para asimilar ciertas situaciones. Pues en mi caso, uso el trastorno para lo mismo, dejar de pensar. Llevo 4 años en tratamiento y empiezo a pensar que no tengo solución. Ya he pasado por tres centros de rehabilitación diferentes. Siempre es lo mismo, ingreso 6 meses, me recupero, salgo y a las pocas semanas recaigo.

Ahora te contaré una historia sobre el famoso TDA-H.

- Alejandro: Soy adicto al crack, lo he perdido todo, he fumado mi trabajo, coche, casa, mujer e hijos. Actualmente estoy durmiendo debajo de un puente, dentro de una gran caja, rellena de recortes de papel y plástico, para no pasar tanto frío por las noches.

El crack es un derivado de la cocaína y sus efectos son devastadores. ¡Ah, por cierto! hoy mismo ingreso en prisión, he sido condenado a 20 años por homicidio.

Tengo dos hijos, uno acaba de cumplir cinco años y el otro tiene tres. Quiero dejar esta porquería pero no puedo, me supera. Sus efectos duran entre 10 y 20 minutos, el cerebro se inunda de dopamina pero una vez se pasa el efecto de euforia, el neurotransmisor se desploma hasta niveles inferiores a los que había antes de la consumición. Esta sensación de desespero hace que quiera consumir ininterrumpidamente.

Cuando cumplí los 9 años, me diagnosticaron el TDA-H. Simplemente me hicieron pasar unos tests y listo. Ya tenía el dichoso trastorno y en vez de darme terapia para aprender estrategias y hábitos de comportamiento, me medicaron con *Metilfenidato,* un medicamento activador del sistema nervioso central (SNC), aprobado para el Trastorno por Déficit de Atención con Hiperactividad (TDA-H) pero creado originalmente para tratar la narcolepsia (un trastorno del sueño, caracterizado por un exceso de somnolencia diurna, donde la persona padece de ataques repentinos de sueño). Se comercializa bajo nombres como: Concerta, Ritalín, Equasym, Rudifen, etc.

Mi rendimiento escolar mejoró a los pocos días, pero es normal, me estaban medicando con activadores del SNC. Estas pastillas tienen un efecto de 6-8 horas, las necesarias para afrontar la jornada escolar, sin embargo, mi estado real nunca mejoró porque cuando no las tomaba, mi rendimiento volvía a decaer. Tenía la sensación de depender de ellas para concentrarme en clase. Cuando no me medicaba, debía hacer más esfuerzos de lo normal para poder seguir el ritmo de las clases, me encontraba cansado y apático. Me volví un vago, mejor dicho, aprendí a ser vago. Entendí que no merecía la pena hacer esfuerzos porque cuando me medicaba, aprobaba sin esforzarme y en parte, porque me apoyé en el trastorno para no hacer nada y echarle la culpa de todos mis males.
Paradójicamente, para un buen diagnóstico del TDA, este debe estar basado en la historia y evaluación completa de mi vida, no se puede basar únicamente en la presencia de uno o varios síntomas y en el último año escolar, cuando empecé a tener las dificultades. En cuanto al tratamiento médico, se debería haber incluido el psicológico y social. El centro escolar en ningún momento se informó de la relación con mis padres. Estaban divorciados y me pasaba una semana con cada uno.

Ya me veías con las maletas de aquí para allí, no estaba cómodo con ninguno de los dos. Sólo oía críticas por parte de ellos, tu padre es esto y tu madre es aquello. Además, aprendí a manipularlos. Si le decía a mi madre que papá me dejaba hacer esto o me compraba aquello, ella para no perder mi amor, cedía ante mis caprichos y viceversa, también se lo hacía a mi padre.

Como se sentían culpables por no pasar más tiempo conmigo, para paliar ese sentimiento de culpabilidad me concedían todos mis caprichos. Con lo cual, crecí en una familia desestructurada y sin normas, dando como resultado mi educación permisiva, un menor sin control. Lo que viene a ser un hijo tirano.

- **Hijo tirano:** Se le educa sin poner límites. Tiene muchos derechos y ninguna obligación. Se tiene la creencia de que a los hijos hay que darles todo hecho y que no deben esforzarse en conseguir sus objetivos. Esta forma de pensar viene de unos padres frustrados y que quieren conceder a sus hijos todo aquello que ellos no han tenido o también, por la falta de tiempo y quieren suplir esa falta de dedicación con objetos materiales y/o accediendo a todas sus peticiones.

Ahora que ya soy adulto y me he informado sobre los problemas que padecen los hijos de padres separados, lo que yo padecía era dislexia y depresión. De ahí que me costara leer y entender lo que había que hacer y como resultado, me alteraba, no entendía por qué mis compañeros aprobaban los exámenes y yo no. También es necesario recalcar que no tuvieron en cuenta que dicho trastorno es evolutivo, lo que significa que hoy puedes ser hiperactivo y tres meses más tarde, dejar de serlo.

Otro aspecto que pasaron por alto fue la coherencia de mi comportamiento, si era el mismo en casa y fuera de la escuela. Para poder diagnosticar tanto el TDA como el TDA-H, el comportamiento perturbador o la falta de atención debe estar presente en al menos dos de los tres ambientes básicos de la persona.

En el menor, han de coincidir tanto en la escuela como fuera de ella y en su casa. Si en dos de ellos no se aprecia ese comportamiento, el diagnostico queda descartado. Para el adulto es similar pero se sustituye el trabajo por la escuela. Tanto el TDA como el TDA-H se diagnostican por descarte de cualquier otro trastorno. Como verás, es muy difícil de diagnosticar, es casi imposible. No hay ningún test ni prueba objetiva que lo identifique. Todo se queda en suposiciones. Según en qué país y cultura residas te lo diagnosticarán o no.

Lo más curioso es que se considera un trastorno neuronal pero no hay un sólo caso clínico demostrado. Si se hace un análisis exhaustivo entre niños diagnosticados y otros sin diagnosticar, no se encontrarán diferencias entre ambos. También, es muy curioso que se diga que es un problema de neurotransmisores y no me hayan hecho ninguna prueba objetiva.

Si hacemos caso a esta teoría, en mi cerebro había un desequilibrio a nivel de neurotransmisores, entonces con la medicación que me hacían consumir, se restablecía.

Me decían – "los medicamentos lo que hacen es volver a restablecer la comunicación neuroquímica – (Inhibir y excitar ciertos neurotransmisores). Es lo que se conoce como homeostasis, el equilibrio interno del organismo. Cualquier alteración de un componente del cerebro, afecta a la conducta final".

El problema viene porque se engloban todas las conductas hiperactivas o de distracción en un mismo saco y no todas se pueden considerar como TDA o TDA-H. Muchas veces es simplemente falta de educación por parte de los padres o un mal ambiente en casa o en la escuela.

La pregunta es: – ¿siempre es un problema neuronal del paciente o es un problema ambiental o peor aún, del sistema educativo? –

Te dejo dos síntomas básicos de la depresión infantil: varían según las edades, entre los 5 y 10 y entre los 11 y los 15.

- Entre los 5 y 10 años:
1- Se vuelve hiperactivo, para no pensar en sus problemas. Esto le causa ansiedad, no soporta la situación y no sabe cómo afrontarla.
2- Tiene alterado el sueño: disminución o exceso del mismo. Es causado por la ansiedad. Puede dormir poco, por miedo y tiene pesadillas o acaba tan cansado que cae rendido.

- Entre los 11 y 15 años:
1- Cambio de personalidad: se vuelve rebelde, contesta a todo y se encara con todos o justo lo contrario, se vuelve sumiso y pasivo. Esto le lleva a un cambio de hábitos alimenticios: aumento o reducción de la cantidad diaria de comida (bulimia o anorexia) o quizás quiera pertenecer a algún grupo de amigos en concreto.
2- Bajo rendimiento escolar. Igual que en el anterior, o quiere pertenecer a algún grupo en concreto, o sufre bullying por su apariencia física o por ser buen estudiante. Si encuentras estos signos, lo más probable es que ya esté perdiendo autoestima.

Te dejo unas preguntas que le puedes hacer para ver su nivel de autoestima:

Preguntas sobre la autoestima:

- ¿Me considero menos que los demás?
- Cuando me propongo algo y no lo consigo, ¿me frustro?
- ¿Defiendo mi opinión?
- ¿Me expreso fácilmente en grupo?
- ¿Me cuesta decir NO cuando algo no me gusta?

Ahora te dejo dos pautas para subirla:

1- Todos somos diferentes (ni mejores, ni perores)
2- Recordarle sus habilidades y potenciarlas.

Que entienda que no todos somos iguales ni tenemos las mismas habilidades. Ser de un color de piel o de otro, ser alto o bajo, delgado o gordo, tener una nacionalidad u otra, no es ni mejor ni peor. No todos podemos ser futbolistas, atletas, nadadores, matemáticos, artistas, músicos, del mismo país o continente, etc... El planeta es muy grande, tiene capacidad para todos y cualquier oficio o profesión es necesaria para el buen funcionamiento de la tierra. Por otro lado, para potenciar sus habilidades, basta con recordarle lo que hace bien durante el día, las asignaturas que aprueba, no faltar a clase, colaborar en casa, etc... Es decir, no enfocarse en sus deficiencias, sino, en sus logros.

Imagínate cómo me siento ahora al comprobar lo sencillo que hubiera sido todo para mí, si en vez de diagnosticarme el TDA-H y drogarme, me hubieran hecho las preguntas adecuadas y ayudado a potenciar mi hiperactividad en vez de reprimirla. Me podían haber inscrito a cualquier actividad física o lúdica para canalizar toda esa energía desbordante y haberla aprovechado en mi favor. Quizás ahora sería el rey de esa actividad.

- Dislexia: los que padecemos este trastorno nos lleva más tiempo que a los demás pronunciar una palabra, tenemos problemas tanto con la gramática como con la ortografía. El significado de la palabra se pierde y la comprensión de la lectura no es buena. Esto hace que tengamos problemas de expresión tanto escrita como oral.
Ahora añade mi situación personal en casa. Nadie me estimulaba para estudiar y asimilar lo aprendido en clase y tampoco era el lugar idóneo para hacer los deberes. Mis padres gritando y yo escondido en la habitación para no molestar y sobre todo para evitar que mi padre se enfureciera y me acabara pegando.

Con este panorama, – ¿cómo iba a aprobar los exámenes? –

Debido a esta situación, mi conducta era un reflejo de lo que vivía en casa, pero claro, para la escuela era más fácil decir que tenía el TDA-H que preocuparse en averiguar el motivo de mi conducta. Enseguida fui medicado. Una solución rápida y económica, tanto para la escuela como para mis padres.
Me medicaban exclusivamente para tenerme calmado, no para que aprendiera. De esta forma omiten su trabajo y delegan las responsabilidades al trastorno. Pero lo entiendo, tal y como está el sistema escolar, saturando las aulas con alumnos, los profesores no tienen el tiempo necesario para una dedicación individual o reducida por alumno, debiendo tratarlos a todos por igual, sea cual

sea su problemática o condición física. En mi opinión, los profesores ocupan un papel trascendental en el diagnostico. Podían haberme sentado en primera fila y de forma discreta ayudarme a centrar la atención y organizarme. Pero no con reprimendas, sino, con halagos, como podían ser: – muy bien, a sí me gusta, hoy has estado quieto durante toda la clase, sólo has hablado para preguntar, sigue así –

También de esta forma se favorece la relación entre compañeros. Luego, muchos padres esperan demasiado de sus hijos y los saturan con actividades extraescolares, impidiendo que el hijo pueda asimilar lo aprendido durante la jornada escolar.

A continuación, te expongo algunos efectos secundarios de estos medicamentos:

- Pérdida de apetito.
- problemas para dormir.
- Ansiedad.

Si te fijas son similares a los de la depresión. En menos de un año me encontré tomando pastillas para activar mi SNC y otras para deprimirlo. Cuando cumplí los 16 años, dejé los estudios porque no eran lo mío. Este fue el detonante de mi adicción. Como ya no estudiaba, el seguro social dejó de financiar los medicamentos y mis padres tampoco se lo podían permitir. Mientras buscaba trabajo y ganar dinero, tenía que sustituirlos con algo y acudí al tabaco para no sufrir la abstinencia. Me daba la sensación de calma cuando en realidad me estaba alterando y descubrí que, si bebía cerveza, me relajaba de veras. Así empezó mi romance con estas drogas. Me juré que nunca bebería alcohol, no quería ser como mi padre. Este hombre era un alcohólico, me arruinó la infancia y la vida.

Pero cuando eres un muchacho de 16 años incomprendido y no tienes amigos, te aferras a cualquier cosa con tal de pertenecer a algún grupo. Me captó una de las bandas violentas de la ciudad, no le costó mucho. Conocen tus carencias emocionales. Hacen que te sientas querido, que seas uno más, no hay distinciones entre chicos y chicas. Éramos una familia unida, jugábamos, reíamos, nos lo pasábamos muy bien. No nos faltaba de nada, si queríamos dinero, la banda nos lo daba, si queríamos la última tecnología, también nos la proporcionaba y así con todo. Aquí conocí a la que sería mi mujer años más tarde y con la que fundé mi familia. Todo iba sobre ruedas, hasta el día que me ofrecieron crack y no pude negarme. Tampoco costó mucho convencerme, me dijeron – Si ya fumas, pues eso también se fuma, lo inhalas y ya verás que bien se sientes – Y efectivamente, me sentí de maravilla.

Pasados unos meses me dieron la oportunidad de ascender en la jerarquía y la acepté. Sólo tenía que vender la mercancía y así pasé de ser consumidor a vendedor de crack, y me iba muy bien. Llegué a ser uno de los capos de la banda. Pero el abuso de esta droga es devastador y me hice adicto en pocos meses, sólo quería consumir. Como he dicho anteriormente, el efecto de euforia dura apenas 15 minutos y cada vez quería más.

Lo primero que hace cualquier persona cuando se despierta es desayunar, yo, sin embargo, fumaba crack. Mi mujer no soportó mis cambios de humor ni mi prepotencia. Tampoco llevaba muy bien que me lanzara al juego. Es que cuando no tenía esta mierda para fumar, la única vía de escape que encontraba factible era el juego, el póker me relajaba. No era sólo por jugar, era el ambiente que lo rodeaba, tabaco, alcohol, sexo y cocaína.

- **Cocaína:** con dosis moderadas produce: ausencia de fatiga, de sueño y de hambre; acelera del ritmo cardíaco y la presión arterial; exalta el estado de ánimo y mejora la seguridad en uno mismo. Además, aumenta el apetito sexual y en los hombres, retarda la eyaculación.

La sensación inicial de bienestar y euforia, suele ir seguida por una bajada caracterizada por cansancio, apatía, irritabilidad y conducta impulsiva. El problema de esta droga es que es muy cara y sus efectos no son tan inmediatos como los del crack, por eso, prefiero esta segunda y también porque con la cocaína adquieres el síndrome de la boca inquieta. La mandíbula se te desencaja (trastorno orofacial). Es causado por la liberación masiva de serotonina, inhibe los reflejos de apertura de la boca y la contracción de los músculos de la mandíbula. No puedes abrir la boca y como medida de supervivencia, la mandíbula se mueve de un lado para otro.

No era buen jugador y acabé apostando la casa y el coche. Obviamente, los perdí. En una ocasión, me quedé sin mercancía durante más de 10 horas y en un ataque de desesperación, salí a atracar una gasolinera con tan mala suerte que la pistola se me disparó y maté a uno de los empleados.

Si me estás juzgando, ten en cuenta que es muy fácil llegar a este punto. Me gustaría verte a ti – ¿a ver qué hubieras hecho con una familia desestructurada como la mía, con padres separados y sin imponer normas a sus hijos? – El resultado son hijos sin control y víctimas potenciales de las bandas criminales y sectas, son presas fáciles. Hay muchos adolescentes como yo, faltos de amor y cariño. En la banda nos sentimos protegidos y queridos, es nuestra familia y para tenernos unidos, nos enganchan con esta droga. Es barata de producir para ellos. Los capos de las mafias.

En estas organizaciones hay un líder que da órdenes y estos muchachos van faltos de eso, de alguien que los dirija. Que les diga qué hacer y qué no hacer, dónde y cómo. Quieren obligaciones y sentirse útiles, en este caso será hacer el mal a favor de la banda.
Pero claro, esto tiene un precio muy alto que pagar. La libertad de decisión, una vez entras en la banda, no puedes salir, pero no porque te lo prohíban, sino, porque no tienes medios para conseguir la droga.

Cambiando de tema, te voy a contar una historia de maltrato psicológico. Comprenderás la importancia de tener unos valores y marcar una línea roja para que nadie la atraviese. Son tuyos e innegociables.

- **Lucía:** podría ser tu vecina, amiga o incluso familiar. Soy la madre de Alejandro y la tía de Natalia, sí, los dos adolescentes mencionados anteriormente. Fui madre con 25 años y a los 37, me separé del padre de mi hijo. No estábamos casados, él quería, pero yo estoy en contra del matrimonio mientras tengamos un papel firmado ante un notario que diga que estamos juntos legalmente, por si le pasa algo a alguno de los dos, que el otro pueda reclamar sus bienes materiales ante la justicia.
Pepe, así es como se llama este sujeto, porque no se le puede calificar de otra forma que no sea grosera y no quiero hacerlo. Una vez terminada su jornada laboral entraba en el bar y no salía hasta estar ebrio, entonces llegaba a casa y me golpeaba con la mano abierta. Pero no creas que empezó a golpearme de buenas a primeras. Fue todo un proceso, largo pero continuo. Hoy te golpeo, pero luego te pido perdón. Pasado mañana te vuelvo a golpear, pero esta vez me justifico y te hago creer que es por algo que dijiste o hiciste.

Tú tienes la culpa de mis cambios de humor y efectivamente, funciona. Creí que me lo merecía, que era culpa mía por no satisfacerlo como amante ni como madre de su hijo. Pero antes de ceder a estas ideas intenté huir pero, claro – ¿qué pasaría con mi hijo? –

Unas veces me pegaba por un motivo en concreto y otras veces no me hacía nada, o me encerraba en el balcón en ropa interior, quedándome a la vista de cualquier transeúnte. Estaba confundida, no sabía por dónde saldría la próxima vez.

En una ocasión le pregunté: – ¿Por qué me pegas? Y su respuesta fue – por preguntar –

A partir de aquí, decidí usar unas estrategias para disminuir la frecuencia de las palizas. Consistían en ceder para mantenerlo calmado y darle siempre la razón, que la culpa siempre era mía. Con el tiempo me lo acabé creyendo y me comportaba igual tanto en casa como en el trabajo. Me convertí en una chica sumisa y sin voluntad propia. Sentía que no me merecía nada bueno y que todo lo malo que me pasaba, era porque me lo había buscado. Era incapaz de tomar la iniciativa, es muy curioso esto, porque cuando estaba sola, sabía cómo actuar frente a las situaciones pero, si estaba rodeada de más gente, me comportaba como una inútil, no podía dar mi opinión. – No sé si era por miedo o porque pensaba que era como me tenía que comportar – En mi trabajo siempre me he considerado hábil y espabilada, es decir, sabía cuáles eran mis funciones y las desarrollaba sin problema.

Conocí a este personaje en la boda de mi hermana pequeña. Somos tres y yo soy la mediana. En estos momentos tengo los ojos llorosos, sólo con pensar en cómo lo he podido permitir. Se me cae la cara de vergüenza cada vez que lo pienso. Pero ya lo tengo superado, mi psicóloga me ha explicado el proceso y lo he acabado entendiendo.

- El proceso: empieza por aislarte de tu entorno más cercano, amigos y familia, dejé de relacionarme con ellos. Vivía sólo para él y mi hijo. Pasé de ser una chica extrovertida y deportista a ser una mujer de su casa. Una vez aislada, empezó a menospreciar mis logros y a exagerar mis fracasos, es decir, infravaloraba mis virtudes y potenciaba mis debilidades. Pasó de ser atento y cariñoso a ser exigente y autoritario. Empecé a priorizar las tareas del hogar al deporte. Claro, al principio las hacíamos entre los dos. Pero, se vició al bar y no había quien lo sacara de ahí. Entraba a las 19h30 y no salía hasta las 23h30 y porque era la hora del cierre, sino, ahí se quedaba toda la noche. Antes, yo llegaba del gimnasio y los niños ya estaban bañados y cenados. Mi tarea era leerles un cuento y acostarlos. Luego, nosotros veíamos un rato la televisión o jugábamos al ajedrez. El proceso continúa con la degradación de tu autoestima.

Ahora te explico cómo lo consiguió y espero que aprendas de mis errores para que no sigas mi ejemplo:

- Dejé de hacer lo que me gustaba para complacerlo a él.
- Empecé a pensar en los demás antes que en mí.
- Dejé de mimarme. Invertía todo mi tiempo y dinero en los demás.
- Empecé a sentirme indispensable (si no lo hago yo, nadie lo va a hacer)
- Dejé de pedir ayuda, o lo hago sola o es que no valgo.
- Dejé de confiar en los demás.

Este estado de baja autoestima me llevó a ser desconfiada (mal pensada). Llegó a tal extremo que, si en el trabajo veía a dos compañeros chismorreando y mirándome, ya daba por hecho que me estaban criticando. Me sentía el centro de atención de todas las miradas. Tenía el ego muy subido, pero como fachada, pues me sentía como una basura. Como te he dicho más arriba, llegó un punto que no sabía hacer mi trabajo, con lo cual pensaba que estaba en el punto de mira de mis compañeros.

Luego, cada vez que salíamos, me humillaba en público diciéndome que iba demasiado arreglada para hacer simplemente la compra o ir al parque con el niño. En las reuniones escolares, no me dejaba opinar. Decía que no tenía nada que aportar. Las primeras veces no le hacía caso y seguía con mi rutina pero, a base de insistir en mis errores, empecé a dudar de mí misma. A esto se le sumó que en el trabajo no estaba pasando por un buen momento.

Lo que más intranquilidad me producía era cuando llegaba a casa con ganas de descansar y no sabía que iba a hacer conmigo. Si golpearme o sonreírme y decirme "te quiero". Era un estado de indefensión absoluto.

Hoy miro hacia atrás y ese gran problema que tenía con mis superiores, no era para tanto, es más, ni se le puede considerar un problema. Hice de un grano de arena, una montaña. En ese momento estaba tan centrada en conseguir el dicho ascenso que les daba demasiada importancia a los comentarios de los demás. Es lo que sucede cuando tienes baja autoestima, intercambias la mente crítica por la reactiva. Me sentía atacada por todos, *(ofendida)*. Estaba tan confundida y hundida que, si algún compañero me cuestionaba el trabajo hecho, me entraban dudas y le respondía con otra pregunta, siempre a la defensiva y con los ojos medio llorosos.

Fui a mi médico de cabecera y le expliqué la situación por la que estaba pasando. No podía dormir y me estresaba por nada. Era insoportable. Me diagnosticó depresión y me dio un mes y medio de baja laboral. Sin hacerme ninguna prueba médica ni consulta previa, como, por ejemplo, si tenía problemas de adicción, de corazón, diabetes, etc… me recetó Flunitrazepam para dormir, una benzodiacepina hipnótica muy potente. Llevaba tres noches sin dormir y tenía que descansar. A esto le añadió unas pastillas antidepresivas para recuperarme. Con todo lo que había estado viviendo, mi humor y actitud estaban por los suelos.

Lo que me sorprendió de su consulta fue lo rápido que me diagnosticó de depresión y la facilidad con que me recetó los medicamentos. En vez de enviarme al psicólogo para recibir terapia, me medicó y listo. Pero claro el médico es el profesional, no lo iba a cuestionar. A partir de aquí empezó mi pesadilla con los medicamentos, tomaba pastillas para dormir y pastillas para estar activa.

Además de eso, soy fumadora activa, me fumo un paquete diario de cigarrillos, con lo cual interfería en la función de los somníferos. Esto último me lo explicó más tarde la psicóloga detalladamente. Fueron pasando los meses y no veía mejora, estaba todo el día zombi o agitada. No encontrada el punto medio y fue cuando decidí acudir a la psicóloga porque soy de las que cree que los medicamentos sin terapia no tienen sentido. Estos son un complemento. Ya en la primera visita me hizo esta pregunta:

¿Para qué tienes esta relación, qué esperas de ella?

- Amor
- Cariño
- Estabilidad emocional y/o económica

Cuando vi que no me aportaba ninguna de las tres respuestas, decidí dar el paso y separarme. No fue un camino fácil, pero no podía permitir que mi vida siguiera ese rumbo.

Así mismo, es un grave error mezclar antidepresivos con ansiolíticos. Tienen el mismo efecto que mezclar café con alcohol o tabaco con los somníferos. Se inhiben entre ellos mismos. Pastillas para dormir, pastillas para estar activo. Llega un punto que vas perdido, tu organismo lo único que te está pidiendo es descanso pero, tú lo fuerzas a dormir y luego a estar activo. También es cierto que en ocasiones y dependiendo de la persona, actuarán al contrario, potenciarán su efecto, pudiendo causar la muerte por depresión del SNC.

"Digamos que empiezas tomando pastillas para la depresión. Estas te activan pero, bebes alcohol y este te adormece. Acabas aumentando la dosis de la medicación porque no te hace efecto en vez de reducir la cantidad de alcohol."

"Tomas pastillas para dormir pero, también fumas. No te das cuenta que el tabaco está interfiriendo en la función de los somníferos. En unas semanas aumentarás la dosis de la medicación para dormir en vez de disminuir el consumo de tabaco".

Si reduces la cantidad de alcohol o de tabaco, te genera ansiedad y no lo soportas. Te has vuelto adicto a dos drogas. Ahora eres policonsumista.

Me viene a la mente otro caso de adicción, pero esta vez por la presión de los padres. Se veían reflejados en su hija, querían que fuera lo que ellos no fueron. Hay padres que piensan que sus hijos quieren o deberían querer lo mismo que ellos.

- **Susana y las anfetaminas:** cuando tenía17 años, era una buena chica. Obediente y estudiosa. Sacaba notas altas y era la capitana del equipo de hockey sobre hielo. Mis padres tenían unas expectativas muy grandes sobre mí. Decían que tenía un futuro brillante como abogada. Me presionaban para sacar las notas más altas de la clase, si se enteraban de que alguien sacaba mejor nota que yo, me decían que no me había esforzado lo suficiente. Aunque hubiera obtenido un 8 sobre 10. Siempre he creído que se proyectaban en mí, sobre todo mi madre.

Desde que tengo uso de razón, recuerdo a mi madre recriminándome que no pudo ir a la universidad porque me tuvieron muy jóvenes. Ella tenía 18 años y él 22. Me repite constantemente que si hubiera tenido las oportunidades que la vida me ofrece a mí, no las desaprovecharía y estudiaría derecho penal. Para ser una gran juez. Entonces es cuando mi padre se une a ella para echarme en cara lo duro que han trabajo para que yo pueda ir a la universidad y sea alguien de provecho. – ¡Ni que yo se lo hubiera pedido! –

En mi último curso, cuando ya me presentaba para la selectividad, mis padres me hicieron abandonar el equipo de hockey porque decían que me sacaba tiempo y por eso no era la mejor de clase. No se daban cuenta que el deporte era mi vía de escape a la presión que ejercían sobre mí. Ya planificaban hasta mi futuro. Por la noche los oía hablar de las universidades a las que tenía que ir. Llegó un punto que ya no pude más y rompí a llorar en medio de la clase de matemáticas. Mi compañera de mesa me preguntó qué me pasaba, si me encontraba bien, siendo mi respuesta que sólo faltaban tres meses para los exámenes finales y tenía mucha materia para estudiar. No me daba tiempo para todo. Llevaba 20 días estudiando, sin apenas dormir ni descansar y ya no aguantaba ese ritmo.

Me vio tan preocupada que me dio una pastilla de Concerta. El medicamento para el TDA-H que te mencioné anteriormente, dijo que a ella le iba muy bien. Se tomaba una cada mañana antes de ir a clase y eso la mantenía atenta, luego se tomaba otra por la tarde y ya tenía energía suficiente para seguir estudiando durante otras 5 horas más. Debo decir que sí, la verdad es que funcionó.

Me sentía menos cansada y el día me rendía más. Cuando se lo conté a mi mejor amigo, David, este se quedó perplejo y me hizo un pequeño interrogatorio.

- ¿Aceptaste la pastilla y los consejos de una compañera de clase?
- Sí, claro, es una buena chica.
- ¿Pero es médico o enfermera?
- No, pero a ella también se la aconsejaron y le funciona.
- ¿Por qué no fuiste a un psicólogo para hablar sobre tu ansiedad?
- No era ansiedad, solo eran nervios y con la pastilla me sentía
  eufórica, como si nada pudiera conmigo.

Mi amiga tenía acceso a estas pastillas porque su padre estaba diagnosticado de Narcolepsia, con lo cual, sólo tenía que ir a su habitación y llevárselas. Después del quinto día dándome la pastilla, me dijo que, si quería más, tendría que pagar por ellas. Me las dejaba un poco más caras que en la farmacia pero, claro, sólo las puedes adquirir con receta médica, cosa que yo no tenía. De esta manera entré en la adicción a los medicamentos. Aprobé la selectividad y entré en la universidad, perdiendo el contacto con mi amiga. No me veía capaz de estudiar sin el Concerta, así que busqué alternativas y acabé tomando metanfetaminas.

- **Metanfetaminas:** fue creada inicialmente para la descongestión nasal, es un derivado de las anfetaminas. Pero hoy en día se ha convertido en una droga de las más adictivas. Por su fácil fabricación. Mayoritariamente se hace en laboratorios clandestinos, usando procedimientos caseros, combinando sustancias químicas baratas, como pueden ser, anticongelante, mata ratas, ácido para baterías, yeso, etc.

Se le denomina de varias formas, Speed, Tiza, Cristal, etc. En su forma más pura es un polvo blanco que se disuelve fácilmente en agua y etanol (alcohol). Es un estimulante poderoso que puede disminuir el sueño, el cansancio, el hambre e incrementar la actividad física y la atención. Es una de las drogas con los efectos psicotrópicos más intensos y duraderos.

Empecé esnifando pero la nariz me sangraba mucho. Pensé en inyectarme pero, las agujas me dan mucho respeto así que opté por fumarla. En menos de diez segundos desde que le pegaba la primera calada, mi cerebro ya estaba segregando dopamina equivalente a cuatro veces la cantidad segregada en una relación sexual, era el clímax total. Cuando me colocaba, nada más tenía sentido, mi cuerpo sólo quería permanecer en ese estado de euforia. Al principio te da mucha energía, puedes estudiar horas e incluso días sin parar, desbordando energía. Sus efectos duran hasta doce horas pero, en cuanto comienzan a decaer, te quedas sin fuerzas, te encuentras cansada y somnolienta, entonces debía tomar más dosis si quería volver a estar activa.

Lo que empezó siendo un medio para estudiar más y aprobar los estudios, acabó en adicción. Como no tenía dinero suficiente para comprar las dosis necesarias, me prostituía, la paga semanal de mis padres no me alcanzaba. Debía tener un mínimo de cinco relaciones sexuales diarias para poder comprar las dosis.

Llegó a oídos de mis padres y discutimos, acabamos rompiendo nuestra relación. Después de las clases, entraba por la puerta de casa y me dirigía directamente a mi habitación. Sin mediar palabra con ellos. Sólo coincidíamos para la cena y una vez por semana me dejaban la paga encima de la mesa. Estaba descendiendo al infierno, dejé de rendir en los estudios, era incapaz de concentrarme y el problema de esta droga a largo plazo es que puede provocar comportamientos violentos (agresividad e irritabilidad). No descansas y tu organismo se resiente, te vuelves paranoica y psicótica. Oyes voces, crees que te persiguen y te pones a la defensiva, te vuelves agresiva y perturbada mentalmente.

Me volví extremadamente egoísta. Sólo pensaba en mi propio placer. Durante las clases, no me importaba si estaban leyendo, haciendo un trabajo o discutiendo alguna teoría, no podía estar quieta, debía moverme para aliviar el síntoma de abstinencia. La gente empezó a alejarse de mí, no soportaban mis cambios de humor, – ¡ni yo misma me soportaba! –

La abstinencia es asquerosa y horrorosa, me sentía fatal, por las noches no podía dormir, tenía pesadillas y sudores. Sólo me relajaba cuando consumía. Era mi único objetivo, conseguir otra dosis, consumir para sentirme *"normal"*.

Con mis padres acordamos que una vez acabados los estudios, me iría de casa, se sentían responsables de mi educación y se veían en la obligación de mantenerme hasta que los finalizara. Como el consumo nunca era suficiente y mi dinero era limitado, empecé a robar material de la universidad para venderlo pero, nunca he atracado a nadie porque no quería hacer daño a gente inocente, una vez me asaltaron en plena calle y lo pasé fatal. Pasados unos meses la situación se hizo tan insostenible que me echaron de la universidad y en consecuencia mis padres, también hicieron lo mismo, me pusieron de patitas a la calle.

De tanto consumir he sufrido un infarto cerebral. Me ha dañado las áreas de Broca y Wernicke, son las encargadas del habla, una facilita la expresión y la otra se encarga de la comprensión sonora del lenguaje. Sólo balbuceo, quiero hablar y no puedo. Soy consciente de lo que pienso y quiero decir, pero no me salen las palabras. Me apodan, la puta muda, es denigrante, lo sé, pero todas tenemos un mote y el mío es este. Me ha pasado lo mismo que a Natalia, me he quedado sola, sin amigos y dependiente de algo que acabará con mi vida. Pero esto no acaba aquí. He perdido la movilidad de la mano izquierda, por causa de las alucinaciones que tengo cuando consumo esta mierda. Veía bichos en ella e intentaba sacarlos como fuera, me pellizcaba, me arañaba e incluso me pinchaba con un tenedor para cogerlos.

Me rompí todos los dedos, los tenía en carne viva de tanto rascarme y acabé dañando los nervios irremediablemente, no puedo doblarlos, se han quedado estirados. Me he vuelto esclava de la droga. No la puedo dejar y cuando lo intento, me hace pagar un precio muy elevado, el mono (sudo, tengo diarrea, vomito, me entran escalofríos, etc.).

Actualmente estoy ingresada en un centro de desintoxicación y reinserción social para toxicómanos. Aquí vienen a parar los casos más extremos de la comarca, gente que ha recaído varias veces y ya no ve salida. Está gestionado por una empresa privada pero subvencionado por el estado. El director y mayor accionista es un antiguo militar, licenciado en psicología. Una peculiaridad del centro es que no usa fármacos para calmar la abstinencia, como he dicho, es un centro para gente que ha recaído varias veces y no tiene sentido seguir medicándolos. La idea es que vivamos todo el proceso que conlleva la abstinencia. Según tengo entendido, mi desintoxicación y posterior reinserción durará unos 30 meses. Espero hacerlo y dejar de una vez por todas esta mala vida.

Este militar perdió a su mejor amigo por una sobredosis de heroína, mientras estaban alistados, se hizo adicto a la morfina y finalizada la etapa militar, continuó con la heroína. Desde entonces, se dedica a ayudar a jóvenes adictos. Nos enseña los valores militares, esfuerzo, coraje, compañerismo y determinación para conseguir lo que queremos.

- **El militar:** nos hace levantar a las 6 de la mañana y salir a correr 8 kilómetros diarios. Los que tienen cualquier dolencia y no pueden correr, van caminando y a media mañana, practicamos yoga y meditación, cada uno a su ritmo, según sus capacidades. Después de una ducha caliente y algo de comida, hacemos la terapia de grupo. Se basa en recobrar y potenciar tanto los valores personales como los sociales. La mayoría de nosotros nos sentimos como desechos humanos, sucios y excluidos. Hay que volver a sentirse personas. Recuperarse no es sólo desengancharse, es adquirir un nuevo estilo de vida para no recaer y para eso hay que conocer los motivos del consumo y aceptarlos. La gran mayoría de veces esto conlleva un cambio de zona de residencia. Alejarse de las amistades y dejar de frecuentar ciertos lugares. De ahí la disciplina militar que nos inculca, para que cuando estemos de bajón y con ganas de consumir, no cedamos.

La determinación será la encargada de mantenernos motivados para alcanzar nuestro objetivo. Empezamos por adquirir los hábitos más básicos, la higiene personal, una alimentación saludable y el respeto por lo ajeno, todos colaboramos en la limpieza y mantenimiento del local. Unos limpiamos los baños, otros lavan y planchan la ropa, otros van a hacer la compra y así con todo. Somos un grupo cohesionado, donde unos dependemos de los otros, estamos aprendiendo a vivir en sociedad otra vez. Aquí no hay democracia, nos regimos por la jerarquía, si quieres hablar, debes levantar la mano y esperar a que el superior te conceda la palabra. Estoy haciendo buenas amistades, comparto habitación con otras 12 chicas y una de ellas, me ha contado la historia del último paciente que estuvo en el centro, se llamaba Mike. Lo expulsaron por introducir heroína, está totalmente prohibido el consumo de cualquier sustancia ilegal o medicamento sin el permiso previo del director. Sólo se permite fumar y la razón es muy sencilla, no sirve de mucho prohibirlo, en cuanto salgamos del centro, es una de las primeras drogas que encontraremos en cualquier sitio, bares, centros comerciales, locales recreativos, etc.

- La heroína y Mike: la pruebas una vez y es casi seguro que te engancha. En mi caso, empecé esnifándola y tuve una sensación de tranquilidad y paz enorme. Estaba relajado y sin preocupaciones, me dije – por fin dejo de pensar y puedo disfrutar del momento – Aplaudo mi ignorancia – ese era el principio del fin de mi carrera deportiva. Pensaba que tenía fuerza de voluntad pero no tanto como para vencer a esta droga. Mi cerebro no pudo con el resto del organismo, este quería más y más. Imagínate estar en el desierto a 50 grados bajo el sol y llevar 5 días sin beber, de repente, te encuentras un charco de agua putrefacto y mal oliente.

Tu cerebro te dirá que no bebas (te vas a contaminar), pero tu organismo tiene la boca seca, llena de llagas y los labios entrecortados, necesita hidratarse y te incitará a beber. La mente siempre cede ante el organismo, de ahí la importancia de entrenarla y el deporte es la mejor forma para hacerlo. Una mente entrenada, es una mente despierta y activa, no se moverá por las reacciones sino, que se volverá proactiva. Pues lo mismo ocurre con la heroína. – ¿Te has fijado que los yonkis no tienen dientes? – en parte es porque prefieren invertir todo su dinero en adquirir la droga, antes que en el dentista.

- **La historia de Mike:** empecé consumiendo analgésicos, concretamente oxicodona para acabar tomando heroína. Tenía 23 años y un futuro prometedor. Jugaba en el equipo de rugby de la universidad, me limitaba a estudiar, entrenar y los fines de semana, jugar los partidos.

El detonante del cambio de estilo de vida y posterior adicción fue la muerte de mi hermana, era dos años mayor que yo. Somos tres hermanos, yo soy el pequeño y ella era la mediana. Estaba en casa, en mi habitación, leyendo un libro cuando sonó el teléfono, lo descolgué y ahí empezó mi pesadilla. Era la policía y me estaba informando de su muerte, había sido atropellada por un conductor ebrio. Se disponía a cruzar un paso de peatones cuando el conductor la arroyó, murió en el acto.

Regresaba de su jornada laboral y en ese mismo instante y lugar, encontró la muerte. Mi mente se despegó del cuerpo y sólo recuerdo que desperté tumbado en la cama y rodeado de familiares. Pasados unos días, asimilé la noticia, pero nada volvió a ser igual. Me había vuelto insensible a cualquier emoción. No lloraba, no sonreía, ni siquiera me preocupaba por mi imagen exterior. No sentía nada, estaba adormecido física y emocionalmente y eso me estaba perjudicando en los partidos. Por la noche no podía dormir, me acostaba a las 22h00 y hasta las 03h00 no conseguía conciliar el sueño y me despertaba a las 06h00 para ir a la universidad y después ir a entrenar, estaba agotado. En una ocasión, un compañero de equipo me dio a probar una pastilla de oxicodona, su madre tenía cáncer y es el medicamento que le recetaban.

- **Oxicodona:** es un analgésico opióide, sus efectos son muy parecidos a los de la heroína y la morfina. Fármaco utilizado para aliviar el dolor crónico y/o puntual, como puede ser el cáncer, fibromialgia o una fractura.

Le pregunté cómo sabía que me iría bien y me contó que durante un partido, se dislocó el hombro pero, inmediatamente, el médico del equipo se lo recolocó en su sitio. Esa misma noche, estando en su casa, no conseguía conciliar el sueño debido al dolor sufrido por la dislocación. Su madre, preocupaba por la situación le ofreció una de sus pastillas, fue tal el placer y tranquilidad que sintió que no dudó en volver a pedirle otra al día siguiente. Desde entonces, no ha dejado de consumirla, aunque ya está mejor y no tiene molestias, sigue con ella, dice que se siente eufórico y relajado.

Lógico es un opiáceo, produce placer e inhibe el dolor

En mi caso personal, con el consumo del medicamento lograba sobrellevar la situación, estudiaba, entrenaba y al llegar a casa, podía dormir. Era algo milagroso, siempre estaba de buen humor y dispuesto a todo, con actitud optimista, pero no duró mucho. Al principio, consumía dos pastillas por día, su efecto dura unas 10 horas. Para maximizarla, la machacaba y la esnifaba, – ¡ah, menudo colocón pillaba! – Pasados unos meses y debido a la tolerancia, con dos pastillas ya no era suficiente y tenía que esnifar 4. Viendo esto, mi compañero decidió hacer negocio conmigo y venderme las pastillas a un precio bastante superior al real, pero claro, yo estaba enganchado, si no consumía, no rendía ni en clase ni en el deporte. Como lo encontré abusivo, rechacé el trato pero la abstinencia era horrorosa, es la misma que para cualquier droga.

Este era el problema, yo no tenía receta médica para comprarlas y se aprovechaba de eso, hacía negocio con ellas, luego me enteré que lo hacía con más compañeros. Les daba unas cuantas, los enganchaba y acto seguido se las vendía. Pregunté en las redes sociales y navegué por internet buscando una solución a mi problema, – ¿con qué otro medicamento podía suplir la oxicodona? – y descubrí que la heroína era una buena opción, es bastante más barata y tiene la misma función. Tanto la oxicodona como la heroína, cuando entran en el organismo se convierten en morfina.

Siempre me han dado miedo las jeringuillas, con lo cual, también la esnifaba y la sensación era todavía mayor que con la oxicodona, era fantástico. Mejores sensaciones y más barato, – ¿qué más podía pedir? – Pero mi necesidad de consumir era cada vez mayor, mi adicción era tan grande que tuve que superar el miedo a las jeringuillas e inyectarme directamente por el torrente sanguíneo.
Recuerdo que cuando lo intenté por primera vez, me puse tan nervioso que no encontraba la vena y me piqué en el musculo.
– ¡Qué dolor, madre mía! – Pasados unos días, lo volví a intentar y esta vez acerté. Perdí el conocimiento durante 8 horas y cuando desperté tenía la cara y toda la parte superior del cuerpo manchada de vómito.

Claro, nunca pensé en sus posibles consecuencias. Cuando tienes el mono, eso es lo de menos, sólo quieres superarlo. Imagínate lo que siguió a partir de aquí, problemas y más problemas, iba cuesta abajo. La heroína, después de sus efectos iniciales, te deja en un estado letargo (somnolencia e inactividad) porque deprime tu SNC. En ese preciso momento fue cuando me di cuenta que mi padre había muerto por sobredosis de heroína. Durante toda mi adolescencia me he preguntado por qué se pasaba el día durmiendo o sentado en el sofá, frente al televisor y sin apenas parpadear, mirando a la nada, embobado. Ahora que estoy metido en el mundo de las drogas, lo entiendo. Me dije – yo no seré como él, no – Pero la vida es muy traicionera y aquí me tienes. Lo encontró mi madre en el baño, tirado en el suelo, yo era muy pequeño para entender lo que pasaba, pero ahora, viendo mi situación, lo entiendo perfectamente.

Al principio del libro he escrito que tu actitud marcará tu forma de enfrentarte a las drogas, pues en mi caso no fue la más acertada, me llevó a la autodestrucción. Una mañana mientras me dirigía a la universidad, estaba tan necesitado de mi dosis que robé. Nunca lo había hecho, ni se me pasó por la cabeza, pero en esa ocasión, me olvidé la cartera en casa y cuando iba a citarme con el traficante, me percaté de la situación y en vez de volver a casa a buscarla, decidí asaltar a una pobre mujer que estaba extrayendo dinero de un cajero automático. No pensé, simplemente actué (mente reactiva). Estaba en frente de ella, a escasos metros, me acerqué, saqué la jeringuilla ensangrentada del bolsillo de la chaqueta y le dije – o me das el dinero o te pincho – con tan mala suerte que justo detrás mío había una patrulla de policía y me detuvo.

Cuando mi caso llegó al juez, este vio que no estaba todo perdido y decidió darme otra oportunidad, me ingresó en un centro de rehabilitación. Me recuperé, pero en cuanto salí volví a recaer, sólo que ahora, en vez de robar a desconocidos, lo hacía en casa, sabía que mi familia no iba a llamar a la policía. He pasado por procesos de rehabilitación unas 7 veces, pero ninguna ha tenido éxito. Mi obsesión era volver a sentir el placer que sentí con mi primer chute. Cada vez que me inyectaba, era lo que buscaba. Cuando se empieza con la aguja, ya no existe nada más. Es el top de las maneras de consumir, va directo al cerebro, no hay filtros.

En apenas 5 segundos desde que me pico ya está haciendo efecto y es devastador, eufórico, estoy en un estado de relajación total, desconectado de la triste realidad.

Hoy día tengo 40 años y sigo enganchado. Voy deambulando de trabajo en trabajo, soy incapaz de mantenerlos más de un año seguido. La droga me tiene atrapado, cuando me entra el mono, me pongo fatal, no duermo, mi cuerpo se paraliza y no puedo apenas caminar, sudo mucho, me deshidrato y pierdo peso muy rápido. Ahora mismo peso 60 kilos y mido 1.80mts y veo que nunca lo superaré. Cuando pienso en mi hermano, en su forma de afrontarlo, ha sido totalmente diferente. También es deportista, levanta pesas y practica artes marciales. En su caso ha enfocado toda la rabia y frustración en superarse en los entrenos y en alimentarse correctamente. Igual que yo, al principio tampoco podía dormir pero él era consciente que para recuperar el sueño tenía que tomar más melatonina. Compró suplementos y añadió a su dieta alimentos que la aportaban.

Se resistió a medicarse porque sabía que era algo pasajero. Como has podido leer en las primeras páginas del libro, todos estos sentimientos y emociones los tenemos innatos. No hay que asustarse ni huir de ellos, sino, aceptarlos, nuestro organismo se está expresando, se está desintoxicando. Todo este proceso le duró 5 meses y a partir de ahí fue recuperando el sueño y la tranquilidad. Mi hermano dice que este proceso se denomina *"DUELO"* y consta de 5 fases. Él lo denomina NINDA, no se debe interferir con medicación, hay que dejar fluir esos sentimientos porque fortalecerán nuestra personalidad, adquiriendo herramientas y estrategias para afrontar futuros contratiempos y aumentando el umbral del dolor emocional, tan importante para no frustrarse. También decir que entramos en el duelo por una razón, tenemos motivos para estar tristes.

NINDA: Negación- Ira- Negociación- Depresión- Aceptación.

- **Negación:** no aceptas la situación, no te lo acabas de creer.

- **Ira:** te enfadas con el mundo, no entiendes por qué te ha pasado a ti. El mundo no es justo, te encuentras perdido, ya nada tiene sentido, te preguntas si merece la pena vivir, te cuestionas toda tu vida y valores. Te sientes culpable, piensas, si hubiera hecho esto o aquellos, podría haberlo evitado, tu cabeza no deja de darle vueltas al asunto.

- **Negociación:** dejas volar la imaginación, te dices a ti mismo que si la situación vuelve a ser la de antes, cambiarás, que te tomarás las cosas de otra forma.

- **Depresión:** estás viendo que la situación no cambia y te resignas, tus negociaciones no surgen efecto. Te hundes, todo tu mundo ha cambiado y tienes miedo a volver a empezar. Echas de menos tu vida anterior. Si la situación cambia, no pasas por esta fase, vas directamente a la aceptación.

- **Aceptación:** te haces a la idea, vives la realidad, ya no esperas nada. Empiezas a levantar cabeza y buscar opciones para tu nueva realidad.

Este proceso tiene una duración de alrededor 6 meses, si en el trascurso de este tiempo, no lo superas, acude a un profesional de la mente para que te ayude a gestionarlo. En mi caso, sigo estancado en la fase de la Ira, asimilo lo sucedido, pero no tengo herramientas para afrontarlo. Durante más de dos años, antes de irme a dormir, me he estado diciendo: – si mañana, cuando me despierte, encuentro a mi hermana en casa, juro que dejo las drogas – y como esto nunca ocurre me deprimo todavía más. He negociado hasta con dios pero con él, no se puede negociar nada, o lo aceptas o te hundes, no lo resisto y me drogo para animarme.

Ya que anteriormente he mencionado la fibriomialgia, voy a continuar con la historia de una mujer (Clara), que la padecía y se enganchó a la codeína.

- **Codeína:** es un analgésico opiáceo potente y muy eficaz. Tiene el mismo proceso de transformación en el organismo que la oxicodona, una vez en él se transforma en morfina.
- **Fibromialgia:** enfermedad donde la persona sufre dolor generalizado por todo el cuerpo durante las 24 horas del día, acompañado de cansancio continuo. Hasta el momento se desconoce el origen y no tiene cura.

- **Clara y su fibromialgia:** he visitado más de 12 médicos y todos me dicen lo mismo, es un dolor subjetivo y no me encuentran la raíz del problema. No tengo nada roto ni dañado pero me duele todo el cuerpo, desde las uñas de los pies hasta la raíz del pelo, pasando por las manos, cuello, nariz y orejas. Es un horror lo incómodo que es vivir así. Además, tengo el sueño alterado porque no soy capaz de dormir mis 8 horas, es acostarme y no parar de moverme hasta encontrar la postura correcta. Pueden transcurrir tranquilamente tres horas desde que me acuesto.

Me he hecho todas las pruebas posibles, para descartar cualquier enfermedad y todas han dado negativo. Durante el día, el dolor se hace más intenso o se reduce, según mi actividad física pero nunca desaparece, unos días son malos y otros son peores. He tenido que acostumbrarme a vivir con el dolor, a aumentar mi umbral, a distinguir entre malo y fatal, en mi vocabulario ya no existe la palabra bien, ha desaparecido, ahora digo estoy mejor o peor que ayer.

Trabajo en los juzgados, soy abogada, estoy muchas horas de pie y eso lo agrava todavía más. Mis compañeros no me creen y se burlan diciendo que no quiero estar delante del juez, que me quiero quedar en los despachos rellenando formularios y poco más. Me están acosando (moobing), quieren que deje el bufete. Adoro mi profesión y no he faltado ni un solo día al trabajo por mis dolencias, saco las fuerzas de donde sea.

Soy madre soltera y con mucho orgullo saco a mi familia hacia adelante. Tengo un hijo de 26 años, ha sido consumidor de marihuana desde los 13 años hasta los 18, abandonó su consumo por miedo a desarrollar esquizofrenia. En una ocasión me acompañó a un juicio donde defendía a una chica que sufría de psicosis, era esquizofrénica y al escuchar su historia, entendió a donde le llevaría el mundo en el que estaba metido. También es cierto que el abuelo de la chica era esquizofrénico, con lo cual, los genes jugaron en su contra, el abuso de la marihuana fue un factor desencadenante o por lo menos, clave para su desarrollo.

- Esquizofrenia: trastorno mental que afecta a la percepción de la realidad. Alucinas, oyes voces, ruidos extraños y en ocasiones crees que hueles los colores.

Suele desarrollarse entre los 15 y los 30 años, también es el rango de edad en que más se consume. A partir de esta edad, el abuso es menor. Se podría decir que se reduce el uso. Un dato a tener muy en cuenta es que si has sido consumidor de esta droga durante la adolescencia, tienes más probabilidades de caer adicto a cualquier otra. Esto sucede porque en esa etapa nuestro cerebro todavía se encuentra en desarrollo y el abuso de cannabis altera las conexiones cerebrales, especialmente el sistema de la dopamina, haciendo que la persona sea más sensible a ella. Es decir que, con menos cantidad de dopamina, sufres los mismos efectos placenteros, así que a la mínima que se dispara, estás eufórico.

Las características más importantes de la esquizofrenia son los delirios y las alucinaciones. Los delirios son de dos tipos, de persecución y de referencia.

. *De persecución:* como su nombre ya bien dice, la persona cree que la persiguen

. *De referencia:* la persona cree que las voces que oye le hablan a ella.

La persona oye y ve lo que no hay, esto puede hacer que sienta miedo y se retraiga socialmente, piensa que la persiguen, que conspiran contra ella o que le dan órdenes para hacer el mal. También, puede ser al contrario, no siente miedo y se pone a dialogar con sus voces, se siente cómoda y por lo mismo, se aísla socialmente. Es lo que vendría a ser los amigos imaginarios o afirmar que habla con el más allá o con dios o que se le aparece la virgen o el diablo.

- **Alucinación:** experiencia sensorial en ausencia de cualquier estímulo previo. Puede ocurrir con cualquiera de los 5 sentidos que tenemos. Esto lleva a la persona a tener un lenguaje y comportamiento desorganizado.

. *Lenguaje desorganizado:* inventa palabras, balbucea, invierte el orden de las frases.

. *Comportamiento desorganizado:* son comportamientos que están fuera de contexto y tenemos los dos extremos, el estado catatónico y el estado de agitación. En el catatónico, la persona se queda inmóvil, paralizada, se puede estar horas sin apenas moverse, estar sentada, estirada o de pie en algún rincón.

Sin embargo, en el de agitación, son movimientos estereotipados, espasmos o agitación continua. Luego tenemos los síntomas característicos y también se dividen en dos categorías. Los positivos y los negativos.

Los positivos, son los que todos podemos ver y percibir, las alucinaciones, los delirios y el lenguaje y comportamientos desorganizados. Por su parte, los negativos, son los que siente la persona, falta de interés, apatía, aislamiento social, depresión, etc.

- Cannabis: según la cantidad consumida, la forma de administración, la experiencia de la persona y el contexto (lugar) el efecto puede variar. Suele comenzar a los pocos minutos de su consumo y dura aproximadamente 2 horas. Se produce en dos fases, una activadora y otra depresora.

La activadora (risa, euforia, bienestar), luego le sigue la depresora (sueño, calma, tranquilidad). Pasado este efecto, llega el hambre, predominando la comida dulce. Cuando se entra en el abuso y posterior adicción, puede producir psicosis (esquizofrenia), alucinaciones, pánico, ansiedad y alteraciones cognitivas (atención, percepción, memoria, etc…). Por otra parte, es la droga ilegal menos adictiva, pero en contra partida, es la más consumida. Aprovecho para dejarte el orden de las más adictivas: Tabaco - heroína - cocaína - alcohol.

− ¿Te has fijado que la segunda es la heroína? − es un opiáceo, el principio activo de muchos medicamentos.

Mi hijo empezó a fumar para sentirse integrado en el grupo de amigos de clase, yo trabajo 10 horas diarias, 8 como abogada y otras 2 como profesora en la universidad. – Me siento culpable por no haber estado por él cuando más me necesitaba, la adolescencia es una edad crucial para su buen desarrollo futuro –

Como te he mencionado anteriormente, soy madre soltera, mi ex pareja me ha dejado muchas deudas que pagar. Un buen día desapareció, vació la cuenta bancaria y nos dejó con una mano delante y otra detrás. Viendo el panorama no me quedaba otra que ser pluriempleada, la situación financiera que estábamos viviendo, no invitaba a otra forma de supervivencia. Fueron tres años muy duros, pero en cuanto liquidé las deudas, dejé el trabajo en la universidad y pude centrarme en él, a partir de ahí, le ayudaba por las tardes con sus deberes y salíamos a pasear por el parque.

Agradezco eso tremendamente porque empatizamos y me gané su confianza. Hablábamos de cualquier tema, sexo, alcohol, política, dinero, drogas, etc… Tocando este tema de las drogas fue cuando me comentó que fumaba marihuana. La primera vez que la probó, no le gustó mucho, me afirmó, se sintió un poco mareado, pero a las dos semanas volvió a fumar y ya tuvo otra sensación más placentera. Para no sentirse culpable se autoconvenció, creyéndose los típicos argumentos que oyes, es una droga blanda y no es tan perjudicial como el tabaco. Pero nada más lejos de la realidad.

Al principio fumaba los fines de semana con los amigos del grupo, pero en menos de un año ya consumía casi a diario y a solas. En todas partes, unas veces en el patio del colegio, durante el recreo, otras en el parque municipal, donde fuera. Pasados dos años, sufría de ansiedad e inquietud y cometió el gran error de aumentar la dosis, pensaba que si aumentaba el consumo se encontraría mejor. Supuso que se le pasaría ya que la hierba lo relajaba, acudía a ella para cualquier situación incómoda: insomnio ocasional, angustia, nervios, miedo, tristeza, etc…

El porro era la solución para todo, la vía más fácil de seguir y el camino más corto para llegar. Viendo en el mundo donde se había adentrado, decidí que viniera conmigo al juicio de la chica esquizofrénica, para que viera de primera mano su posible destino inmediato y reaccionara, por suerte, funcionó. El estado de ansiedad surge debido a que el cannabis provoca la segregación de dopamina por parte del cerebro y como he explicado al comienzo del libro, este neurotransmisor se encarga de que prestemos atención a la información relevante que nos rodea, por eso a la persona psicótica todo le llama la atención, agudiza sus sentidos.

Estas percepciones le parecen tremendamente importantes, ya que la dopamina dirige su atención hacia ellas. Cuando oye una voz, cree que le está hablando a ella, no distingue la fuente emisora, provenga de la televisión, de la radio, o de cualquier otro lugar. La persona puede hablar sola, en voz alta pensando que ha entablado una conversación con alguien más. Pasa lo mismo con la idea de persecución, se centra demasiado en las conductas de los demás y cree que la persiguen, que buscan algo de ella, se considera el centro de atención.

Te he contado esta parte de la vida de mi hijo porque soy adicta a la codeína, hay momentos del día que el dolor se hace insoportable, sobre todo los fines de semana, cuando estoy en casa descansando. Mi hijo lo percibió y me comentó que la marihuana quizás me ayudaría a suavizarlo, estuvimos hablando sobre ello y llegamos a la conclusión de que el problema era el abuso y la adicción, pero no el uso esporádico y así es como empecé a fumarla. La aventura apenas duró un par de meses, pensé que no era ético ni moral, pero la verdad es que me aliviaba el dolor e iba a trabajar más tranquila. Por suerte o por desgracia, no sé qué pensar, en una ocasión, sufrí un ataque de tos y en la farmacia me vendieron un bote de jarabe para aliviar los síntomas.

– ¿Y sabes qué? – que aparte de aliviarme la tos, también me alivió un poco el dolor generalizado. Fue cuando pensé – lo tengo, este va a ser el sustituto ideal de la marihuana – ¿Para qué la quiero, si ya tengo esto? es legal, lo puedo conseguir fácilmente y me sale gratis, lo subvenciona el estado –

Deduje que, si el principio activo del jarabe es la codeína, – ¿por qué no consumirla directamente? – y así actué, cambié la marihuana por pastillas que contenían este principio activo.

La duración del tratamiento era de tres días, pero lo alargué a 12, por propia cuenta. Me vendieron un solo frasco, pero visto el efecto tan placentero que me produjo, decidí comprar otros dos más. El dolor de garganta y la tos me los alivió al segundo día, pero la sensación de tranquilidad era extraordinaria. Iba a trabajar menos cansada y acababa la jornada con más energía. – ¿Por qué conformarme con un frasco si me relajaba? – Así empecé y no pude parar. En menos de 8 meses ya consumía 3 por semana y 4 pastillas diarias. No me importaba el medicamento, siempre y cuando su principio activo fuera la Codeína.

Era un desmadre, pero claro, llegó un punto que la farmacéutica se negó a venderme más si no iba acompañado de una receta médica. No fue muy difícil conseguirla, falsifiqué algunas, pero para no levantar sospechas, acudía a varias farmacias. Más tarde dejé de falsificarlas y me limité a ir a varios médicos y así conseguir más recetas. Era muy sencillo, algo realmente fácil, tosía delante de ellos y fingía dolor de garganta o me quejaba de la espalda, el cuello, las articulaciones, etc...y listo, me iba de su consulta con la receta. Pero lo peor viene ahora, empecé a mezclar los medicamentos con alcohol – Lo sé, es una locura – pero en el trabajo me estaban acosando y no lo soportaba, era demasiada presión. Justo en frente de la universidad había un bar donde se reunían el resto de profesores, decidí entrar para ver cómo era ese ambiente y me sedujo. Necesitaba relacionarme con más gente, hablar, intercambiar opiniones sobre la vida, conversar de lo que fuera. Mi vida se limitaba a trabajar, ir a casa y volver a trabajar, estaba harta. No es que bebiera mucho, pero dos o tres cervezas caían seguro, con lo que ya sabes sobre sus efectos en el SNC, imagínate cómo iba de drogada, hasta las cejas.

Sólo quería olvidar las situaciones miserables que mis compañeros me hacían vivir en el bufete, nada más. Respecto al dolor, con la medicación iba viento en popa y el alcohol, sin embargo, apareció como medida temporal (un parche), – ahora imagínate la cantidad de personas que lo usan como remedio –

- **Acoso laboral (moobing):** se busca destrozar moralmente a la persona. A través de la indiferencia, el miedo y la humillación por parte de la dirección y/o los compañeros. Se le hace creer que no vale para nada y que es una incompetente. Todas estas conductas tienen como objetivo que la persona dimita de su puesto de trabajo.

- **¿Cómo afecta esto a la persona?:** padece ansiedad y posible depresión, es decir, estará estresada, no será capaz de descansar y se volverá irritable. Para combatir la situación consumirá ansiolíticos (benzodiacepinas) y si, aun así, la situación no mejora, puede buscar refugio en el alcohol. En los medicamentos está buscando descansar y en el alcohol, olvidar las penas.

- Espera, no sigas, hay una cosa que no me ha quedado clara, conozco personas que son muy trabajadoras y me han contado que alguna vez han sufrido acoso.
- Eso es, tú lo has dicho, trabajadoras. Se acosa a la persona trabajadora, a la que supone un peligro para los demás. Te lo explico en un momento.

Primero te describo las características de la persona que efectúa el acoso: tiene baja autoestima, es cobarde, no sabe expresar sus emociones y no soporta que le lleven la contraria. Como no sabe expresar lo que siente, cuando hay que negociar o dar explicaciones sobre su conducta, se altera y te manda callar o alza la voz para hacerse oír.

Hay dos formas de acoso, el vertical y el horizontal.

- **El vertical (bidireccional):** de la dirección hacia el empleado o viceversa.
- **El horizontal (lineal):** va del punto A al punto B, sucede entre compañeros. Es el peor de los dos, no tiene sentido (envidia y rencor).

- **En el vertical:** el principal motivo es la incompetencia de los cargos intermedios, no saben dar órdenes ni transmitir la información desde la dirección hasta los empleados. Han accedido al puesto por enchufe (a dedo, o son amigos del jefe o familiares), también ha podido ser porque llevan tiempo en la empresa y son buenos trabajadores, pero una cosa es ser buen trabajador y otra, saber liderar. Esta gente intermedia es la que te hace el moobing, porque la dirección raramente te va a acosar, si quiere despedirte, lo hace y punto. No va a esperar a que hagas mal el trabajo para perjudicar a la empresa. Muchas veces, la dirección es la última en enterarse de la situación. Llega un día que no puedes más y acudes a ella para presentar la dimisión y dices – o se va esta persona o me voy yo –

Llegado este punto, aunque te ofrezcan mejores condiciones, las rechazas, sólo quieres irte y no volver a ver esa persona.

- **El horizontal:** es causado por las envidias de los compañeros, se sienten inferiores a ti y por otra parte, odian que alguien haga el trabajo mejor que ellos. Así mismo, se puede dar el caso que sean unos vagos y como tú eres trabajador, se sienten en la obligación de rendir más, si no, estarán mal vistos por la dirección. Para humillarte, te critican, se ríen de tu forma de vestir, de comportarte, de tu aspecto físico y acuden al cargo intermedio con mentiras sobre actos que no has realizado, se inventan chismes e historias. Si ven que no consiguen su objetivo, te aíslan (el vacío).

¿Cómo enfrentarse a estas situaciones?

Siendo asertivo, con esto me refiero a actuar con empatía y educación, no olvides que el ataque es subjetivo, no se puede ver. Nos enfrentaremos dejando claro que no vamos a someternos en ninguna circunstancia y que defenderemos nuestros derechos. Nunca usaremos la fuerza, si lo hacemos le estamos dando razones objetivas al acosador/es para posibles recriminaciones.

- **En el vertical:** se pregunta al acosador por qué lo hace, qué quiere conseguir y acto seguido acudimos a la dirección. Cuanto antes quede el tema claro, mejor.
- **En el horizontal:** esto va a sonar un poco desalentador, pero no hay motivo para que nos afecte la conducta de los compañeros. Cuando aceptamos un puesto de trabajo, dudo que alguien lo haya hecho para hacer amigos, al trabajo se va a producir, si se dan las circunstancias y haces amigos, mejor que mejor.

En el caso que te estén haciendo el vacío y no te inviten a comidas, reuniones ni se dignen a dirigirte la palabra, mejor. Te están haciendo un gran favor, – ¿para qué quieres relacionarte con este tipo de personas? –

Recuerdo que me afectaba mucho la indiferencia de mis compañeros, hasta que no pude más y acudí a la dirección para informar de la situación. Me reuní con los socios mayoritarios y les expliqué la situación, me miraron fijamente y uno de ellos, el más antiguo en la empresa, sonrió y me dijo: – ¿Por qué permites que la conducta de unas personas a las que no les importas nada, afecte tu bienestar–?

Si te mueres hoy mismo, ni se van a inmutar. – Vuelve al trabajo y no te preocupes, sigue así y pronto te promocionaremos para ser socia. Desde ese día dejé de acudir al bar y en consecuencia me alejé del alcohol, pero no de la Codeína. Esta me tenía atrapada hasta que descubrí el Yoga. Por culpa del estrés acumulado durante los meses que duró el moobing sufrí de lumbalgia y en medio de un juicio, me quedé enganchada, me agaché a por una prueba y ya no pude levantarme. El médico me recomendó 20 sesiones de fisioterapia, en cuanto empecé el tratamiento, el fisioterapeuta me preguntó cómo es que no había venido antes, tenía la espalda muy contracturada y que eso debía dolerme horrores.

Mi respuesta fue directa y humilde: – no me duele porque tengo fibromialgia y voy hasta el culo de Codeína. Ya no distingo si el dolor es causado por la enfermedad o porque me he dado un golpe, o en este caso, por la contractura – gracias a ella mi vida ha vuelto a la normalidad, soy consciente que es una realidad artificial, pero mientras no encuentre otra forma de calmar este dolor, no la abandonaré.

En cuanto empecé las sesiones me sentí bien, pero no solamente a nivel lumbar, me daba la sensación de que el dolor generalizado se calmaba, como si su intensidad disminuyera. Se lo comenté al fisioterapeuta y me lo confirmó, cuando estiramos o hacemos algún esfuerzo intenso, nuestro organismo segrega endorfinas.

Con lo que ya sabes sobre el deporte y las endorfinas, te imaginarás cómo me sentía después de cada sesión, no quería que se acabara nunca pero claro, las sesiones eran limitadas. El fisioterapeuta quería ayudarme y me propuso probar el Yoga, tenía un amigo que impartía clases no muy lejos de los juzgados y a él acudí en cuanto terminé el tratamiento.

– ¿Recuerdas lo que dije anteriormente sobre la mente, que esta siempre cede al organismo? – Aquí tienes un ejemplo de su importancia, a base de practicar deporte, la he acostumbrado a ser activa y ya no cede ante las demandas del organismo para hacer el mínimo esfuerzo. He aumentado su umbral al dolor, es capaz de resistirlo durante más tiempo y a un nivel más alto. Gracias al yoga, mi cerebro segrega más endorfinas y serotonina. El dolor no desaparece, pero se alivia bastante y con la dopamina segregada, me centro más en el placer que en el dolor.

Quisiera practicar algún deporte más intenso, cardiovascular, pero por mi circunstancia, no puedo. Tengo varios conocidos que también padecen de fibromialgia, pero ellos tienen la suerte de poder montar en bici o salir a correr. Lo importante es practicar actividad física, la que sea. Al ritmo que llevo creo que en un año dejaré de ser dependiente a la codeína. Voy superando la abstinencia, todavía sufro sus efectos, pero se hacen más llevaderos. Lo intenté dejar de golpe y casi me da un chungo, así que acudí al psicólogo y con la terapia que estoy siguiendo, lo lograré.

Ya para acabar te voy a contar una historia sobre adicción a acumular objetos, se le denomina trastorno de acumulación, no confundir con el síndrome de Diógenes.

Síndrome de Diógenes y trastorno de acumulación: ambos forman parte del trastorno de la conducta.

Los dos son acumuladores de objetos y lo hacen de forma desorganizada, además, por las mismas razones, las ofertas (chollos), o el apego emocional y son incapaces de deshacerse de ellos por el vínculo que han establecido. Otro factor en común que comparten es la reducción de movilidad que sufren en su hogar debido a la gran cantidad de objetos acumulados. Tanto las habitaciones como cualquier otro espacio disponible e incluso el garaje han perdido sus funciones y se han convertido en trasteros improvisados, repletos de objetos innecesarios, con la misma idea rondando la cabeza: ¿y si algún día me hace falta?

- Acumular por las ofertas: va asociado a la adicción a las compras, se hace de forma compulsiva, es pensar: – menudo chollo, me lo llevo a mejor precio que las demás personas –
No se compra por poseer el producto, sino, por haber adquirido una ganga. Tiene la necesidad de sentirse grande, importante y con las compras, logra el objetivo. Suele gastar mucho dinero, y si no es solvente económicamente, acude a los desguaces o la basura y cuando encuentra algo que le llama la atención, piensa: – ¿cómo pueden tirar algo tan valioso? – y se lo lleva.

Se diferencia de la adicción a las compras en que en el trastorno no existe el sentimiento de culpabilidad, es todo lo contrario, la persona se siente orgullosa de haberlo adquirido.

- **Acumular por apego:** la persona le asocia un sentimiento de bienestar al objeto. No se mueve por comprar, sino, por no deshacerse de él, con el paso del tiempo, se acumulan muchos objetos. Teme perderlos, tiene la creencia de que si se deshace de sus pertenencias, los recuerdos se irán con ellos. Ha establecido un vínculo emocional muy importante con ellos, vive en el pasado.

El problema reside en que cuando se consigue un nuevo objeto, ya sea comprado o recogido de la calle, se le confiere un sentimiento de placer. De ahí la incapacidad de deshacerse de él, la persona se angustia cuando alguien la quiere alejar de sus pertenencias.

La diferencia entre ambos trastornos conductuales es que, en el síndrome de Diógenes, la persona se abandona, tanto a nivel cognitivo como higiénico y se aísla socialmente. Estos comportamientos vienen provocados por la demencia, como puede ser el alcoholismo, la drogadicción, la esquizofrenia, un daño cerebral, etc.

- **Perfil del Síndrome de Diógenes:** persona rondando los 62 años y que vive sola, aunque los primeros síntomas aparecen alrededor de los 50 años. La persona prefiere estar sola y sin contacto con la sociedad. Esta forma de conducta le lleva a no ser flexible mentalmente y a entrar en un bucle donde sus ideas se retroalimentan. Empieza por el aislamiento social, se separa de los amigos, conocidos y familia, está buscando la soledad. En un principio es por placer, pero la soledad le absorbe y se convierte en retraimiento social conduciéndole al pensamiento cínico extremo (no dependo de nada ni necesito a nadie para ser feliz, soy autosuficiente).

- **Perfil del trastorno de acumulación:** persona rondando los 45 años y que vive en pareja y/o con más familiares. Es sobre esta edad cuando se diagnostica, aunque, como en el caso anterior, ya hay síntomas que alertan y aparecen alrededor de los 25 años.
Suele confundirse con el coleccionismo y/o con la adquisición de objetos para reparar y posteriormente vender.

En ambos casos como posible factor desencadenante está el desencanto social, como puede ser una ruptura de pareja, una traición de algún ser querido o su muerte, una injusticia social, etc.

Ahora que ya sabes qué es este trastorno, te voy a contar la historia de Alberto. Cómo lo adquirió y superó posteriormente.

- **Alberto:** tengo 58 años y vivo con mi mujer, en un apartamento de tres habitaciones y dos plazas de garaje, en el centro de la ciudad. Me diagnosticaron el trastorno de acumulación con 46 años y lo superé a los 50. Empecé a acumular con 30 años, tras la muerte de mi mejor amigo. Éramos inseparables, como hermanos, lo hacíamos todo juntos, salir de fiesta, ir de compras, viajar, etc... Murió de cáncer de pulmón, se lo detectaron y a los tres meses cayó fulminado. No tuve tiempo de despedirme ni de asimilarlo – ¿Por qué él y no la gentuza que hay por ahí, me preguntaba? –

Hacía apenas dos meses que mi mujer y yo, habíamos comprado el apartamento (hipotecado, mejor dicho). No estaba amueblado y había que comprar de todo. Siempre me ha gustado comprar en rebajas o con ofertas suculentas, con mi amigo lo hacíamos porque de esta forma con el dinero que nos ahorrábamos podíamos irnos de cena o viajar. Su muerte fue tan dolorosa para mí, que en vez de afrontar la situación y superar el duelo, empecé a comprar objetos que me recordaban a él.

Me olvidé del objetivo final de comprar chollos, gastar lo menos posible en las compras para así gastarlo después en lo que realmente nos hacía feliz, irnos de cena y viajar.

El problema es que de tanto reforzar la conducta de comprar, me volví comprador compulsivo. Mientras buscaba ofertas no pensaba en mis problemas, me distraía. No lo podía evitar pero cada vez que veía algo en rebajas o que me parecía un chollo tenía que comprarlo. Esa sensación de ahorro, me recordaba a mi amigo, a los momentos felices que compartíamos durante las cenas y viajes.

En cuanto amueblamos el apartamento con lo necesario para estar cómodos, seguí con la decoración y así hasta comprar dos o tres veces el mismo producto. Si estaba paseando por la calle y veía una oferta en algún escaparate, tenía la necesidad de comprarlo. Saber que compraba por debajo del precio real me hacía sentir poderoso, era una locura porque había tantas cosas que me parecía el paraíso. Es que todo me atraía, me angustiaba pensar que alguien comprara el mismo artículo más barato que yo, quería estar en todas partes al mismo tiempo. Me hice cientos de veces las 2 preguntas obligatorias antes de comprar algo: ¿Para qué lo quiero? y ¿Qué pasa si no lo compro?

Las respuestas eran siempre las mismas, no me hace falta y no pasa nada, pero entonces me surgía la duda ¿y si algún día me hace falta?

De tanto comprar, tenía el apartamento a rebosar pero curiosamente, verme rodeado de tantos objetos me daba seguridad. Según el psicólogo que me trató, me comportaba de ese modo porque tenía la necesidad de tener algún control sobre mi vida, tenía miedo a desarrollar cáncer como mi amigo. La terapia que seguí durante cuatro años, se basó en desprenderme del pasado, entender que la vida es cambio. Nacemos, vivimos y morimos.

Tenía que dejar el pasado y abrazar el futuro para poder entender y saborear el presente, crear nuevos recuerdos con las nuevas experiencias por vivir. Mientras me centrara en el futuro, no lo haría en el pasado y en consecuencia, viviría el presente.

Entre los objetos más curiosos que tenía acumulados había 2 batidoras, pensaba que si algún día se estropeaba una, tendría otra para hacer mi batido mañanero, también tenía 3 teteras y 3 cafeteras. Lo sorprendente, es que no me gusta ni el café ni el té pero las tenía por si algún día cambiaba de gustos, nunca se sabe y además, las compré porque venían en un pack de oferta. Siempre he reconocido que tenía un problema, era obvio, no estoy ciego y veo cómo tenía el apartamento y los garajes. Era desconcertante, casi ficticio como estaban. Uno estaba repleto de artículos de prensa, revistas, periódicos y los artículos que venían de regalo con ellos. El otro estaba repleto de estatuas de mármol, recuerdo que las compraba por parejas porque siempre había la oferta del 2x1 y eso era algo irresistible.

La cantidad total de dinero que gasté en adquirir mis pertenencias ronda los 100.000€, mi familia y amigos decían que eran chatarra o basura pero eran mis cosas. No quería deshacerme de ellas, sólo con pensar en esa opción, me entraba el pánico. Me volví tan descuidado que la comida se caducaba, por suerte estaba mi esposa para controlar la porquería y recordarme que había que limpiar, barrer, fregar y sacar la basura. Era la condición que me puso para no abandonarme, porque el psicólogo nos comentó que tenía una pareja con el mismo trastorno que yo pero con el agravante que su casa era un caos. Estaba sucia, llena de porquería, bichos, ratas, cucarachas y olía a perro muerto. A duras penas tenían sitio para dormir, lo hacían encima de los trastos. Lo mismo pasaba con la cocina, no se podía casi cocinar porque para ir de la nevera hasta los fogones era una odisea. En mi caso, sólo yo sufría el trastorno pero en este otro, eran ambos que lo padecían.

Han recibido ya varias denuncias de la comunidad de vecinos, por el estado de su vivienda. Varios vecinos han tenido que mudarse por el insoportable olor que desprende.

Ahora que te cuento mi historia, me doy cuenta del dinero que he quemado, veo que es la misma cantidad que le debo al banco. Hoy mismo podría haber liquidado mi hipoteca y sin embargo aquí sigo, trabajando 10 horas diarias, de lunes a sábado, para devolver los préstamos adquiridos para comprar objetos que ya no me hacen feliz y que tampoco tengo. Durante la terapia, me fui deshaciendo de todos y cada uno de ellos, hasta quedarme con lo justo y necesario para estar cómodo, es decir, la cama con sus accesorios, la mesa y dos sillas, el sofá y los accesorios de la cocina, vajilla, microondas, horno y nevera. Me volví minimalista, formaba parte de la terapia, este estilo de vida duró dos años más después de superar el trastorno, formaba parte de la estrategia para no recaer en los viejos hábitos.

Para superar cualquier adicción, lo más práctico y aconsejable es adquirir un nuevo hábito. A día de hoy, sigo esta filosofía, tener sólo lo necesario para afrontar el año en curso. Para superar los ataques de angustia, en vez de medicarme, lo que me propuso el psicólogo fue practicar alguna actividad deportiva pero como tengo artrosis en las articulaciones. Me decanté por la pintura. Asistía 4 veces por semana, durante 45 minutos, me calmaba mucho y me ayudaba a controlar los impulsos.

Mi adicción me privó de libertad y me esclavizó durante 28 meses de trabajo con la empresa por los anticipos pedidos. En mi caso personal, no me he quedado solo porque tengo a mi lado a una gran mujer, con una buena autoestima, no le importa lo que puedan decir de mí los demás y con un locus de control interno, sabe que si se esfuerza, tiene muchas posibilidades de conseguirlo.

Ahora te cuento cómo fue mi terapia minimalista, por si estás en una situación parecida y quieres salir de ella.

- **Terapia minimalista:** en mi caso usamos la vida del viajero. El psicólogo me preguntó sobre la duración de los viajes que hacía con mi amigo y le contesté que duraban entre dos y tres semanas. Luego me preguntó sobre la cantidad de equipaje que nos llevábamos y el peso total. Le contesté que cada uno facturaba una maleta de 12 kilos y a bordo, subíamos nuestro ordenador portátil, cada uno el suyo. Se quedó sorprendido por el poco peso de la maleta. Me preguntó por qué tan poco equipaje y le contesté que con llevar algo de ropa era suficiente. Cada cuatro días la llevábamos a lavar a cualquier lavandería y siempre teníamos ropa limpia y planchada. Luego me preguntó por el ordenador y si comprábamos souvenirs o cualquier otra cosa que nos llamara la atención. Referente al ordenador, le dije que era porque por las noches nos gustaba conectarnos a internet y ver documentales, películas o entrar en las redes sociales. En cuanto a comprar objetos, le respondí que no.

A veces comprábamos algún imán para la familia, pero nada más. No nos gusta ir cargados, cuanto más ligeros, mejor. Con toda esta información preparó la terapia. Se dividía en dos partes: una para el desapego emocional y la otra para deshacerme de los objetos. Antes de empezar me dijo algo que me sorprendió muchísimo: – ¿no ves que para ser feliz, sólo te hace falta tu pasaporte y algo de ropa? Con lo que me acabas de describir, ya eres minimalista por naturaleza. El problema que tienes es que basas tu felicidad en el pasado –

A partir de ahí, me enseñó a asociar recuerdos con emociones y no con objetos. Cada vez que me venía a la mente mi amigo, tenía que recordar e identificar la emoción, qué sentía en el momento exacto de esa imagen.

Si era en la playa, debía recordar las olas, la arena, los chiringuitos y cómo me sentía: alegre, eufórico, triste, hambriento, etc.

Si la imagen era de una cena, debía recordar el olor y sabor de la comida y no el lugar, ni cómo íbamos vestidos. Entonces a partir de ahí, crear nuevos recuerdos. En cuanto identificaba la emoción debía hacer algo parecido para volver a sentir la sensación de placer. Podía ser con mi mujer o cualquier otra persona.

Esto en lo que se refiere a las emociones y por la parte de deshacerme de los objetos, se basaba en vivir en una de las tres habitaciones del apartamento, con lo mínimo posible para estar cómodo. Igual que una habitación de hotel. La idea era vivir todo el año con la mentalidad de viajero. Es decir, con una maleta ligera y mi ordenador.

Alquilamos un trastero y vaciamos una de las habitaciones en él, la equipamos con una cama matrimonial, un lavabo, un armario y una mesita de noche. Mi esposa me apoyó en todo momento y también se unió a la terapia minimalista. En el armario sólo había ropa para una semana, el fin de semana tocaba lavarla. Soy empleado de banca y tengo un traje para cada día de la semana y algo de ropa informal para pasear. Mi mujer, por su parte, hizo lo mismo. Aunque suene raro, verás mucha gente bien vestida y elegante pero tienen su casa hecho un asco, ese era mi caso. – Hombre bien arreglado, perfumado y con una oficina ordenada pero, ¡ya sabes cómo soy! –

Durante el recorrido de casa al trabajo fue la peor parte porque es donde compraba la mayoría de los objetos. En cuanto veía algo que me gustaba y me entraban las prisas por adquirirlo, tenía que pensar en el vuelo de regreso. Sólo podía facturar 12 kilos y la maleta ya estaba llena. Una de las estrategias que usaba a menudo era hacer fotos a los objetos que me quería llevar y luego las pasaba al ordenador, eran como mis fotos de los viajes. Tenía el objeto y no me ocupaba lugar.

Con esta historia doy por finalizado el breve resumen de la conferencia. Deseo haberte aclarado un poco el tema de las drogas y especialmente el de los psicofármacos.

Ha sido un placer hablar contigo.

Te adjunto una lista de alimentos que ayudan al organismo a segregar los neurotransmisores que has leído.

Alimentos que ayudan a segregar Serotonina, Dopamina y GABA:

- **Serotonina:** cualquier derivado del reino animal, frutas (piña, naranjas, plátanos), cereales (avena, arroz, maíz), frutos secos (nueces y avellanas).

- **Dopamina:** cualquier derivado del reino animal, fruta (plátanos y manzanas), chocolate.

- **GABA:** cualquier derivado del reino animal, fruta (plátanos), cereales (arroz y avena).

- **Nota del autor:** para acabar con el abuso de las drogas, hay que empezar con la educación en los hogares. Posteriormente, concienciando a los menores en los centros escolares. Desde que tienen 5 años, habría que dar charlas sobre sus efectos y consecuencias, tanto a corto como a largo plazo. Muchos padres quieren que sus hijos no fumen ni beban alcohol pero, sin embargo, ellos lo hacen y además, se sienten orgullosos.

www.ingramcontent.com/pod-product-compliance
Lightning Source LLC
Chambersburg PA
CBHW071722040426
42446CB00011B/2184